培養孩子

自信獨立的親子對話術

引導孩子自己做出好決定，
教出熱情、勇敢又有競爭力的孩子！

親が読む子どものための一生折れない自信のつくり方

青木仁志——著
謝雪玲——譯

目錄

第二章

父母必學自信七關鍵，教出不自卑的孩子

第三章

讓孩子一生都有自信的教養心法

教孩子「愛自己」，是建立自信的第一步

父母可以給予孩子最珍貴的禮物是什麼呢？最重要的當然是生命。那麼，再來呢？我覺得是讓孩子學會「愛自己」。「我很喜歡自己。」在充滿父母關愛下成長的孩子會擁有這樣的感覺。

懂得愛自己的人，也懂得愛人與被愛。因為愛自己，所以可以相信自己，為了讓自己開心，而努力成為理想中的自己。

那麼不懂得愛自己的人呢？不了解什麼是愛，失去與他人之間的連結。因為討厭自己覺得自卑，所以隱藏真正的自己，努力地想得到別人的認同。

懂得愛自己的孩子，會發自內心感到幸福；不懂得愛自己的孩子，需要與別人比較之後從外部追求幸福。

父母「事事包辦」，會讓孩子失去學習的熱情

會教養出什麼樣的孩子，完全取決於父母親的教養方式。因為我們都希望孩子長大懂事，不知不覺就想要孩子「照我們的模式走」。於是要孩子聽話或責罵孩子，有時候則是施以懲罰。

即使是因為深愛孩子才會這樣做，但孩子們感受到的是：「因為你不會，所以要聽我的話」。或許孩子是真的不會，但是一被這樣說，**孩子的心裡會覺得「我是沒有用的人」。這樣的教養方式，會讓孩子逐漸失去自信。**

為什麼父母親會想要孩子「照我們的模式走」？這在親子關係中存在著相當大的誤解，我們在無意識中認為人是可以被控制的。

「覺得別人是別人，是無法改變的」。

過度干涉與控制，會讓孩子更自卑

但這樣真的是對的嗎？舉例來說，沒有寫作業的話就會被罵。如果遲到就會被罵。當你覺得這些事情是理所當然時，那麼你可以說是一直以來都受到別人的控制。冷靜地想一想，不管老師多麼生氣，或是抓著你的手握著筆，都無法強迫你寫作業。不管多麼生氣，也不能強迫你來學校，因為要怎麼做完全掌握在你的手中。但是小時候不會這麼想。因為老師會生氣，因為會被罵，所以認真地寫作業，上課不要遲到。只能把「控制自己的權利」賦予影響力大的對方。

再舉一個例子。不管說幾次，兒子總是把脫下來的衣服亂丟。一開始好聲好氣地說，但是完全沒把媽媽說的話聽進去，因為事情不如自己預期，於是開始覺得不耐煩。

如果對方可以控制自己，反過來說，自己也可以控制對方。即使是對方不想做的事，會因為受到自己的行為影響，而迫使對方去做那件事。這個想法就是「照著我們的模式走」的開端。

因為父母的立場是有影響力的，所以會管教孩子並試圖改變孩子的行為。但是，不論嘗試幾次就是沒有辦法改變兒子的行為，於是自己變得不耐煩。這樣說或許你不相信，其實你已經被兒子制約了。

肯定自己的孩子，即使失敗了也不會怪罪他人

就像這樣，我們不論在學校、家庭、職場，都一直處在控制或被控制的關係中。但其實人原本只能控制自己。如果可以理解這一點，改變相處模式，人際關係將會變得更加圓融，就能夠互補而不是互相束縛。

提倡這種思考模式的就是選擇理論心理學。創立這項理論的已故威廉・葛拉瑟（Willam・Glasser）博士，從事學校教育超過五十年並致力推廣這項理論。至今已經遍及世界上超過六十個國家。這些國家中有學校發生了讓人難以置信的變化，那就是學校中幾乎所有的學生都拿到了A或B的成績，遲到等問題也減少很多。

在下的著作《培養一生都有的自信》中，就有提及選擇理論心理學。其中引起教育界人士廣大共鳴的是**「自信的基礎是來自於愛自己，而幼時的親子關係正是奠定這個基礎的主要關鍵」**這部分。這種錯綜複雜的關係，存在於父母（無意識中）一直想要控制孩子的想法中。

本書首先要請各位父母深入地了解「別人不能控制我，只有我能控制我自己」這個事實。然後再以選擇理論心理學為基礎，逐步說明如何幫助孩子多愛自己以及肯定自我的具體教養方法。

人如果握有自己的主導權，就可以培養不輕易向他人屈服的堅強信念。於是產生了人生是靠自己的選擇與努力開創出來的想法，自己訂立目標，為了實現目標努力前進。再者，也因為所有的決定都是自己選擇的，即使失敗也不會責怪他人。

訓練孩子「獨立做決定」，不斷增強自信心

想要教出勇敢的孩子、想要教出會唸書的孩子、想要教出對社會有貢獻的孩子、人見人愛的孩子等，父母的擔心是無止盡的。開創孩子的未來，讓孩子可以持續地期待自己未來的可能性，都取決於父母的教養方式。

所謂自信的養成，就是為了想要成為理想中的自己。只要瞭解到所有的事情都可以自己做決定，並能嚴以律己，就能一生都充滿自信。當然，在這個過程中孩子會遇到許多挫折。**這個時候父母可以做的是，相信孩子是有潛力的，不斷告訴孩子自我存在的價值。**

從親子間溫暖的人際關係培養孩子的自信。所謂溫暖的人際關係就是，誰是真的關心我、真的在意我、真的愛我，這樣的親密關係。相信誰是真的

愛著我，而我也愛著他。這種關係的構成與相互信任就是溫暖的人際關係。

本書中，將審視讓孩子擁有自信的親子關係的真實面。**父母親應該很清楚地知道，孩子本身就是有價值與意義的存在，即使孩子不會做某件事、即使沒有擁有什麼。**

「知道是孩子帶來的好運氣時，親戚們都感到非常開心。」

「懷抱著感謝的心情，衷心期盼孩子只要健康地出生就很滿足了。」

「第一次抱著這個孩子的時候，感動到淚流不止。」

希望大家能一邊回想著孩子剛出生時的情景，用溫暖、平靜、溫柔的心情來閱讀這本書。

青木仁志

第一章

滋養孩子的自信，從「肯定自己」開始

引導孩子愛自己，要不斷強調他的價值

所謂自信，就是「相信自己」與「自我肯定」。簡單來說，就是自己如何看待自己、評價自己，對於自己有什麼樣的看法。

孩子們每天都會遇見、接觸、感受到新的事物，然後轉化成知識與經驗慢慢地累積在腦海中。**越是相信自己的孩子，就越能不害怕新事物並且積極地挑戰下去。**

相反地，對自己沒自信的孩子，不論想要做什麼都會用悲觀負面地心態告訴自己「反正最後一定會失敗」、「失敗之後會成為笑柄」、「後悔這樣做」，於是心生恐懼，不敢付諸行動。也因此無法有新的體驗及發現。如果沒有辦法相信自己，就會阻斷了自己未來的可能性。

從小建立自信特質，從親子關係開始培育

「活著是很可貴的。」

「世界是充滿喜悅的。」

「想對社會有所貢獻。」

「想讓更多人開心。」

「我可以做得到。」

只要有「覺得自己有價值」、「自己是可靠的人」這樣的感覺，那麼活

著這件事就會化作喜悅。肯定的世界觀與認同他人的價值這件事是息息相關的，自己有價值，別人也一樣是有價值的。如果可以擁有這樣的觀念，那麼在幫助別人的時候也會感到很開心。

孩子們能夠像這樣自我信賴、自我肯定，都是從親子關係開始培育的。

在親子間構築互相關心，認同彼此的價值，互相信賴的堅定關係中，孩子就會培養出自信心。

讓孩子為自己做決定，他會更獨立

前文提到孩子的自信是從親子的信任關係開始培養。

「我認同孩子的價值，也相信孩子。」有這樣想法的父母親，是否曾對孩子說過這樣的話呢？

「趕快把作業寫完，才可以吃飯！」

「又把玩具亂丟！要說幾次才懂？」

「你看，果汁灑出來了。不是早就跟你說過要慢慢喝嗎！」

其實，親子關係有點類似主管與部屬的關係。聰明的主管會讓部屬擁有主導權，把自己當作輔佐的角色。如果以效率為優先考量，所有事情直接下達指示或命令會做得比較快。但是，讓部屬成長這件事必須排在第一位，對部屬說「你想怎麼做呢？」、「你覺得怎麼做比較好呢？」、「有什麼是我可以幫得上忙的嗎？」，像這樣引導出部屬的意見，尊重部屬覺得可行的方法，放手讓他做做看。然後在一旁關心，不出手干涉細節，最後如果發生了什麼問題，再由自己出面承擔責任。不論是失敗或成功，對於部屬認真做事的態度予以認同，然後讓他自我評價下次應該如何改善。

藉由靠自己找出事情的答案，按照自己的想法獲得成功，讓自己一點一滴從中得到自信。像這樣累積經驗，即使是從來都沒有人做過的事，也可以透過自我思考找出答案，並勇於挑戰。您是否覺得這和教育孩子的道理很相似呢？

讓孩子打從心裡決定「要這樣做」

自信就像字面上所寫的「相信自己」一樣，並不是由別人給予的，而是自己透過體驗或經驗慢慢培養出來的。

我的上一本著作《培養一生都有的自信》書中這樣寫著：「自信是透過不斷實現自己的想法變得越來越強大。決定『這樣做吧』，用自己的力量實際付諸行動。如果還沒有能力做到，透過學習與訓練變得有能力做到，這樣獲得成功經驗、突破經驗時，就會產生小小的自信，於是在日積月累之下，慢慢變成更大的自信。」

單方面的指導所給予的答案，不能當做是孩子的成功經驗。因為孩子沒有打從心裡做出「這麼做吧」的決定。父母親不能給予孩子成功的經驗，父母可以為孩子做的是「讓孩子自己思考，為了達到目標堅持到底，在孩子的背後持續給予支持」。

父母要傾聽、包容，別奪走孩子的決定權

其中一種教養方式，就是讓孩子可以實際感受到「我做得到」。要常常關注孩子的狀況，是否正為事情不順利感到困擾，或是否正在體會成功的喜悅。即使還不知道結果，那就承認正在努力的事實吧。即使沒有盡全力，那就承認原有的樣子吧。

「直接教導」這件事並不是支持。將「你絕對做得到」這種信任感轉換成言語，然後耐心等待，就是給予孩子最大的支持。傾聽、鼓勵、包容，對

於孩子有自信地去執行決定給予支持。關於這點會在後面提到，也就是選擇理論中所謂的「七種正向好習慣」。不論發生什麼事，父母親永遠會支持我。像這樣感受到父母的愛，對於孩子而言，就是可以安心地培養自信的最佳養分。

勇敢說愛，會成為孩子自信的能量

對孩子而言，所有的事情都是初次體驗。面對這些初體驗，孩子會先感覺到不安與恐懼，然後一邊停看聽，再一步一步往前邁進。前文中提到，父母親不能給予孩子成功的經驗。然而，**即使孩子沒有自信，只要有父母的信任，還是可以學會肯定自己**，或許這是借來的自信，但會在不知不覺中轉變成真正的自信。

「我們很愛你，爸爸媽媽會一直支持你喔！」

有人肯定原本的那個自己，這個感覺就是支持孩子們最大的力量。

「○○，對於爸媽來說你是無可取代的寶貝喔！」

「媽媽很愛你喔！」

像這樣表達愛的言語，或許有時候會讓人感到不好意思，但是我並不覺得尷尬，反而會更加直白、持續不斷地對孩子們說。因為不確定孩子會如何理解我們所說的話，所以父母能做的事，就是把溫暖的話語直接傳達給孩子知道而已。

不給孩子有壓力的期待，他才能安心長大

但是要注意的是，父母一旦把相信轉變成期待的話語，反而會造成孩子的壓力。日本知名教練小出義雄在馬拉松選手有森裕子小姐尚未成名時，曾

經握著她的手這樣說過：

「有森，你有著一雙大大的手。這就是可以掌握世界的手啊！」

如果將這句話說成「你是我生命的意義。即使賭上教練的人生，也絕對要幫助妳成功」，或是「你絕對可以在奧運奪得獎牌」的話語，說不定會變成壓力。不論是該注意的細節或語言的敏銳度，都不是可以模仿得來的，不禁讓人佩服果然是名教練啊。

陪孩子思考，引導他做出好決定

有位媽媽覺得很煩惱，她說，我有個小學三年級的兒子，他數學不好，只要一碰到不會做的習題就馬上說「我不會」然後就放棄了。一開始我總是鼓勵他再努力看看，但是看著兒子哭著說「我真的不懂啊……我不會寫啊！」的樣子，就不禁心軟說「好了夠了，今天就寫到這裡吧！」然後就不再讓他寫了。就這樣所以我兒子數學一直都不好，雖說這樣是不對的，但是也不忍心一直強迫孩子，不知道到底該怎麼辦才好。

當孩子遇到困難的時候，有兩件事是父母可以幫忙的。第一就是，誠如到目前為止所提到的包容孩子，接受孩子原有的樣子。另外就是，當孩子要試著解決自己的問題時，引導孩子做出好的選擇。

父母只能提供孩子選項，而非幫他做決定

想幫助孩子克服不拿手的數學，有幾個不錯的解決方法。像是找一些比作業簡單的習題，父母也陪同一起寫，或是請一個不錯的家教，也可以打聽看看哪個補習班有比較會教數學的老師等。

如果覺得「這個孩子像我一樣所以數學不好，不會算也沒辦法勉強」就因此放棄，還言之過早。或是覺得「不忍心再一直要求孩子」來逃避問題，這樣是無法解決事情的。

這是一則真實故事，有個原本在後段班的女孩因為遇到補教名師，在一年內偏差值提高四十，最後考上慶應大學。這個故事被彙集成書出版，最後竟成為暢銷書。**不會唸書就放棄，是因為不了解唸書的樂趣。**遇到很會教書的老師，然後喜歡上老師的課變得愛唸書，成績變得很好的例子不在少數。

不過像這樣的際遇所產生的化學變化，是因為孩子的心中有著「我想要做」的種子才能有所期待。換句話說，如果是被動的個體，是不容易激發出自主性的。

所以，即使父母提供了選擇，也請讓孩子自己判斷要做哪種選擇。如果是重大的決定，**可以向孩子提問「為什麼選擇這個方法？」**、**「你有什麼樣的期待呢？」**，**幫助孩子更清楚地了解為什麼要做這個決定。**

從錯誤中累積經驗，孩子更能積極向前

事實上，孩子也有可能會因為在意父母的感受，而選擇父母希望的方式。如果孩子本身不覺得這是「我自己選擇的」，就會變得容易放棄，然後在受挫的時候怪罪別人。

失敗對孩子來說也是很寶貴的經驗，如果是自己做的選擇，一旦失敗就會加以反省，然後思考改善的方法，即使最後沒有完成也會覺得「這次的經驗變成了日後的借鏡」。

此外，如果目標不夠清楚，就很難得到明確的結果，相對地也不容易得到成就感。因此藉由父母的提問，幫助孩子不再覺得「應該是這樣」，而是變得能夠釐清下決定的理由。

孩子一旦做出了選擇，有可能在過程中遇到困難，覺得灰心喪志的時候。這個時候請多給予孩子包容及鼓勵吧，接著提出幾個覺得不錯的解決方案給孩子參考。

再次提醒，**最重要的是尊重本人的決定。**這不只侷限於唸書，不論是社團活動或學習才藝都是相同的。即使遇到再困難的問題，只要盡力去做就能夠找到解決的方法。像這樣積極不放棄的精神，就是孩子用自己選擇的方法，不斷從錯誤中學習而慢慢培養出來的。

幫助孩子克服恐懼，讓他放心去冒險

下面是朋友的四歲女兒，正在上的游泳課的進階考題。從把臉貼近游泳池的水面開始，然後在水中睜開眼睛，潛到水裡等。特地把考題細分成小項目，讓孩子可以從中獲得成就感。

17級　臉貼近水面
16級　在水中睜開眼
15級　潛水（五秒）

14級　用浮板做蹬牆漂浮

13級　蹬牆漂浮

聽說很多孩子，一開始要在水中睜開眼睛時就害怕得哭出來了，但只要克服了一個項目就會覺得很有趣，然後變得主動想挑戰下一個項目。

恐懼是自信養成最大的障礙，因為恐懼會抑制行動。為了克服恐懼，在設定目標時要由從簡單開始逐漸提高難度，就像跳高要從「絕對可以跳得過」的高度慢慢地往上提高一樣。培養孩子一生都有的自信並不需要戲劇化的成功經驗，**只要有意識地慢慢累積做得到的事，就可以建立不會崩壞的堅強自信。**

建立小小的目標，獲得「我做到了」的小小自信；接著再把目標稍微訂高一些，然後再度獲得「我做到了」的小小自信。靠著這樣不斷累積小小的成功經驗，逐漸培養出孩子的自信。

這是我某天帶狗到公園散步時看到的場景。有一對父子開心地打著羽毛球，我一邊看著他們一邊走著，突然聽到父親說了一句令人驚訝的話。那位父親對著沒有打到球的孩子大聲罵「笨蛋！」。雖然不是很嚴厲的口吻，但是我在一旁聽起來心裡很不是滋味。之後只要男孩沒打到球時，都會被他的父親罵「笨蛋」。

後來男孩可能覺得受不了了，說了句「可惡」後全力揮拍，大力地把羽毛球打過去。當父親沒有接到球時，男孩也學父親馬上大聲地說「笨蛋」。

過於溺愛或嚴厲，都會降低孩子的自我認同感

雖然父親是為了振奮男孩的精神才說那句話，但是這樣的互動方式，是無法讓孩子培養出自信的。這從父親沒有接到球的時候，男孩向父親說的話就可以看出來。因為男孩是回話說「笨蛋」而不是「我打到了！」。

覺得不甘心的孩子，還會想跟父親一起打羽毛球嗎？男孩覺得不甘心的同時，也有著「我是笨蛋」的感覺，這樣的負面體驗其實是會降低對自我的肯定。

雖說沒有必要刻意誇獎或過度稱讚，但考量到孩子的自我形成，即使沒接到球也要鼓勵孩子說「來吧！下一球加油」、「別在意！再來一球」會比

較好。

「因為是孩子所以永無止盡的溺愛，孩子會無法自立自強。」

「對孩子嚴格才能培養出自主性。」

雖然也有被這樣說過，但是不能打從心底相信自己的人，將來會變得堅強勇敢嗎？如果想讓孩子了解社會的嚴苛，可以把孩子送到紀律森嚴的學校等，也就是說塑造可以體驗嚴苛生活的環境。但是，**必須是孩子自己選擇走這條路，這樣的經驗才能夠成為孩子的精神食糧。**

第二章

父母必學自信七關鍵，教出不自卑的孩子

教孩子有自信，父母要先相信自己

有位媽媽說出了她的不安。「每當看著育兒書籍，都會對做不到的自己感到失望。」聽說有不少父母親也有相同的煩惱。只要到書店，就可以看到各種許多關於育兒教養的書籍：「新手爸媽的第一次、男孩育兒、女孩育兒、教出會唸書的孩子、如何讚美孩子、不生氣、不責罵等。站在滿滿書籍的書架前，真的會讓人無所適從，不知該看哪本好。

與其看了書之後覺得心情低落，倒不如不要看。雖然這也是一個方法，卻不能裝作不知道有這麼多的育兒書籍。我想我們的父母，包含父母的父母，大家都是參考父母教育自己的方法，然後用自己認為正確的方式努力地教養孩子。即使是這樣說。如果沒有遵循某個教育方針，或許有人會不安地覺得「我的育兒方式是正確的嗎？」

良好的溝通，才能建立互信的親子關係

那麼，到底要以什麼為基準來教育孩子才最正確呢？在選擇理論中提到，**要時時提醒自己，孩子的成長、幸福、成功是要透過親子間相互分享的，而親子的親密關係就存在於這樣的基礎中。**

不論什麼時候，被視為問題的並不是對方。而是親子關係。現在沒有辦法馬上解決的事只會變成問題，但是只要有信賴關係，一定可以同心協力解

決問題。父母與孩子為了解決這些問題，一定要避免做出讓彼此關係疏遠的行為。

請不要把教育孩子想的太難。一邊思考著人與人的關係中「什麼是好的、什麼是不好的」，然後教導孩子「己所不欲勿施於人」。

會打人的人與不會打人的人，哪種人可以交到好朋友呢？

守信用的人與不守信用的人，哪種人會被人信任呢？

有困難時給予幫助的人與漠不關心的人，哪一種人會受到尊敬呢？

即使不看內容艱深的書，大家也都知道答案。所謂會唸書、會運動都是後天培養的。身為人的根本一旦偏離，不論獲得再怎麼驚人的成果，也無法擁有美好的人生。變成有錢人、變得有名、功成名就。很多人都想要成功，但這樣並不代表就是幸福。

有著龐大財產的人因為太過於投入工作，所以跟另一半關係變差，小孩也因此學壞，健康或精神狀況出問題。不論外界給予多高的評價，幸不幸福，只有本人才知道。

別小看孩子的能力

孩子擁有只要聽一次，就會記住什麼是錯誤的學習力。此外，孩子也懂得父母的期望，因此不論任何時候都不要拒絕孩子。父母即使可以強制做決定時也會聽我說話，不同意的時候也會接受我的看法，**孩子在看到父母為自己著想的樣子時，就會自己修正錯誤，和父母分享成功的喜悅。**而父母想要傳達給孩子的是，希望孩子能夠自己從錯誤中學習。

然而，**如果父母覺得孩子有可能會做出後悔的決定時，可以透過和孩子對話，陪孩子一起找出更好的選擇。**看了育兒書籍覺得「做不到」而感到沮喪的人，那就不要貪心地什麼都想做，只要把放諸四海皆準的重要價值觀教給孩子，然後幫助孩子自己做決定，並從中學習成長就好。

如果有餘力，可以從育兒書籍中，選一個覺得不錯的方法試著做做看。當一個方法成功之後，再從那本書的新項目中選一個試試看，如果也成功，再選擇下一個項目繼續做。這樣反覆進行之後，做得到的事就會慢慢增加，等你察覺到的時候，成功的項目應該已經增加很多了。

孩子的自信也是像這樣慢慢培養的。從小小的成功體驗慢慢累積，漸漸成為較大的信心，最後昇華成一生都不受挫的自信。

從簡單的事開始，和孩子一同學習成長

培養孩子的自信，父母也需要擁有自信。也因此父母在教育孩子的時候，必須依存著重要的價值觀繼續生活下去。所謂重要的價值觀，就誠如我到目前為止提到的，是很簡單而且是大家都已經知道的事。

即使是父母，教育小孩也是初次體驗。有時候和孩子間的關係惡化、不自覺地幫孩子做，或是為了教導正確的事時，不小心把話說得太重讓孩子失去信心。其實一邊教育孩子，**父母也一起學習成長，所以從自己做得到的事開始慢慢嘗試就好。**

媽媽也需要下班，放鬆讓教養更快樂

「現在最重要的是以孩子的幸福為優先，不是考慮自己幸福的時候。」越是認真的父母越會這樣想，然後就不自覺地背負了所有責任。其中有些父母甚至會覺得除此之外「沒有別的方法」。如果父母幸福，孩子也會覺得幸福。覺得育兒很辛苦再也受不了時，請向另一半、自己的父母、朋友、保母或心理諮商師尋求協助吧。藉由他人的幫忙讓自己有喘息的空間，空出一點時間給自己。

如果另一半沒辦法幫忙，可以雇用保母或幫傭，或是把孩子送到托兒所或幼稚園。雖然需要花費金錢，但是如果用不穩定的情緒與孩子相處，每天煩躁地對孩子發脾氣，孩子也會感受到父母不耐煩的心情。

別隨時上緊發條，親子關係更融洽

哄小孩入睡後做一些自己喜歡的事，請另一半幫忙帶小孩然後自己出去散散步，或是把孩子送去托兒所，然後出外工作都是不錯的方法。即使工作時間不長但是心情會全然不同。**就算一天只有一小時，將注意力轉移到育兒之外的事情，不要從早到晚跟孩子綁在一起是很重要的。**

親子之間不需要任何事都要求完美，承認自己是不完美的父母，遠比時時刻刻保持完美的父母更受到孩子信賴。

改變思考模式，教孩子可以不生氣

早上帶小狗出去散步，但小狗卻一直不大便，想要趕快回家準備去上班，但偏偏就是在這樣趕時間的時候也不大便。雖然想著「差不多要大了吧」，但就是不大。慢慢地我急了，明知道小狗聽不懂，但最後竟然命令小狗說「趕快大一大，差不多該回去了喔」。

最後沒有大就回家了，一到家小狗就馬上哀求地叫著。原來是現在想大便了，於是忍不住大聲對著小狗抱怨說「所以不是早跟你說了……」，但小狗是聽不懂的，只好再帶小狗出去。事後發現「唉，我被小狗制約了，所以才會煩躁地對小狗大聲抱怨」。

孩子出生後學會的第一件事就是控制父母。動物的寶寶出生後就馬上學會站立，會找尋媽媽的奶喝，但人類的寶寶只會用哭表達，用哭提醒父母照顧滿足自己的需求。如果一直持續這樣照顧嬰兒，父母也會感到身心俱疲。

理解孩子行為背後的原因，就能從容面對

根據統計，在有小孩的女性中壓力最大的是全職媽媽，其次是整天工作的職業婦女，壓力最小的則是短時間勞動（打工）的女性。全職媽媽壓力最大的因素是，幾乎一整天都被孩子制約的關係。

「如果能好好地控制情緒，教育孩子會變得多麼輕鬆啊。」或許大家會

這麼想，但可惜的是情緒是不能控制的。就像我一開始分享的小狗案例，明知道跟對方說什麼也不會懂，卻還是感到不耐煩。如果不收起憤怒的情緒，可能會把氣出在小狗身上，接著做出不餵食小狗或是打小狗等行為。

無法抑制湧上心頭的情緒，但是，也有人不論怎樣被小狗牽著走都不會生氣。「這一帶全部都是你的地盤，為了鞏固地盤所以每個地方都要去繞一繞吧」像這樣子容許小狗的行為，是因為懂得去理解小狗的心情。

「因為寶寶還小不會說話，所以只會哭是理所當然的，是不是哪裡不舒服呢？」**如果父母試著去理解，就會減少煩躁的心情。情緒是自然產生的，只要改變思考與行為，就可以間接地控制情緒。**

試著角色扮演，找出消除煩躁的方法

例如，把自己當作常保微笑的專職保母，然後跟自己的小孩相處。就可以想像「孩子不聽話時該怎麼做」、「哭不停時該怎麼安撫」、「開始生氣鬧彆扭時該怎麼安撫」這些情況，去揣摩出專職保母的寬容態度。然後不可思議的是，**只要試著做過一次，往後就不需要扮演，而是幾乎可以達到專職保母的程度。**

不這樣做的原因，是因為「不知道有什麼好方法可以消除煩躁」或是「煩躁不安比起壓抑怒氣來的輕鬆」。選擇理論中有提到，煩躁不安是自己選擇的。換句話說，快要被孩子制約而產生出來的情緒，可以因為思考與行為的不同而加以改變。

用「平常心」看待孩子反覆無常的行為

葛拉瑟博士提到，人類的行為是為了滿足五大基本需求（生存、愛、依附、權力、自由、樂趣）。希望別人怎麼做的時候，大人會用語言來表示，而孩子是用哭泣、耍賴、吵鬧等方式向對方傳達他們想要的是什麼。這個時候抱起孩子、餵孩子喝奶、陪孩子一起玩，孩子就能停止哭泣。那是因為孩子的需求獲得了滿足。

孩子為了滿足自己的需求，會用哭來控制父母，然後在自己的需求得到滿足後感到安心，剛才還在哭的孩子馬上就笑了。**對於孩子的言行舉止不要**

過度反應，這也是預防累積煩躁不安的秘訣之一，就像暴風雨一樣來得快去得也快。

昨天天氣很好所以洗了車子，但是傍晚突然下起大雨。心裡想說「啊，要是沒有洗車就好了」。車洗乾淨之後馬上被雨淋，不論是誰都會覺得很可惜。但是，會因為看待這件事情的角度不同，感覺也會有所不同。

仔細了解對方的需求，在溝通中找到平衡點

「下雨讓車子變得更乾淨，覺得心情很好。這樣不是很好嗎？」如果這樣想心情就會好一點吧，用正向的心態看待事情。這樣就可以一直保有好心情。孩子也像天氣一樣，一下子笑一下子哭不斷地重複著。剛才還是大晴

天，但是突然就降下大雨也不足為奇。

「別開玩笑了。」

「別太過分了。」

不論再怎麼樣生氣，天氣還是不會改變。孩子也是一樣。孩子就是會不斷重複一下子哭跟一下子笑。**父母感到不耐煩時，首先請先承認自己正感到不耐煩，因為如果不想承認就會變成不安。**如果認為不耐煩的原因出在對方身上，自己會覺得比較好過，但其實原因不在自己也不在對方。原因在於彼此之間的期望不同，一時之間沒有辦法滿足彼此而已。

只要還處在煩躁中，就沒有辦法消除煩躁。或許現在沒辦法馬上解決問題。但是，為了解決問題，有一件事是現在馬上可以做到的。首先，先了解對方想要的是什麼吧！

「孩子想要的是什麼呢？」
「老公想要的是什麼呢？」
「老婆想要的是什麼呢？」

對方不是故意想要造成我的困擾，只是為了滿足自己的需求而有所行動而已。大部分是權力的需求或自由的需求。**如果仔細去了解對方的需求，「啊，那個時候一定是想要我這麼做」就能夠體會對方的心情。**然後就能提出「或許你想這樣做，但這跟我想的不同。你覺得這個方法如何呢？」這樣的提議，與對方進行溝通。然後在對談中找出可以滿足彼此需求的方法。

努力經營家庭互動，脫離無助感

這是來自有三個小孩媽媽的困擾。

「我是身為三個小孩的家庭主婦，老大七歲、老二五歲、最小的是一歲，三個都是男孩子。老公忙於工作時常不在家，不要說幫忙照顧孩子，就連彼此說話的時間都很少。每次想找他商量小孩的事情，他總是說『我現在很忙等一下再說』然後就沒有下文了。每一個孩子都需要花心思照顧，但是老公完全都不幫忙。老是感到不滿又心煩，慢慢地我開始討厭這樣的自己，該怎麼做才好呢？」

這真的是相當深切的煩惱。如果不趕快想辦法，這位媽媽就快要撐不住了。身為孩子，每天很努力地生活著；身為父親，為了養家犧牲睡眠時間辛苦地工作；身為母親，除了養育孩子，還要忙於各種家務事，身心俱疲。

將標準降低，才能真正解決家庭糾紛

人們對他人越是有所期待，就越容易產生不滿。「我這麼努力地為了這個家付出，老公稍微幫點忙是理所當然的。」如果在這樣的前提下期待對方來幫忙，心裡就會覺得不公平。如果從另外一方面「老公是家裡的經濟支柱，為了讓我們的生活不虞匱乏，每天都努力地工作」這樣想的話呢？丈夫的行為就完全獲得了肯定，心裡才會由衷地感到幸福吧！也就是說，幸福是可以選擇的。

我們為了滿足需求，因此對於所有的行動都會進行選擇，由於無法控制對方，即使訴求不滿也不會改變。**另一半用工作滿足了遠比幫忙做家事更重要的需求，因此請將對另一半的期待降到一半以下試試看會有什麼改變。**

「老公都不幫忙照顧小孩。」

「不聽我說話、什麼事情都不跟我商量。」

這樣只是將情緒矛頭指向對方，無法真正解決問題。葛拉瑟博士說過，在不妨礙他人滿足需求的情況下，達到自我需求的滿足，是我們應盡的責任。因為每個人的需求不盡相同，所以人際關係錯綜複雜。不知道該怎麼做的時候，先了解需求的不同點吧！然後做自己做得到的事來滿足對方。

包容對方，先從「改變自己」開始

談判技巧高的人，會一邊尊重對方和對方站在同一陣線，然後同時實現自己的願望，站在對方的立場想想看。或許有人會想「為什麼只有我需要改變呢？」，但是試著改變別人，對方卻沒有改變時就失去了自己的控制權。只要別去想「〇〇不幫我做」，所有的事情就會變成自己可以去改變的。

當只有靠自己一個人的力量感到無助時，就像先前提到過的，借助外部的力量吧！另一半對於這個家所期待的是什麼呢？有沒有能一邊滿足他的需求，同時讓他一起參與育兒的方法呢？想要快樂地養兒育女，**必須把焦點放在彼此的關係上，一起討論現在可以做些什麼來滿足彼此，從家庭中建立這樣的互動開始。**

良好的家庭氣氛，能強化孩子的自信

人際關係會出現問題，就是因為有一方感到滿足，另外一方卻感到不滿足。而這樣的關係不會長久，不滿足的那方因為忍無可忍，到最後終於爆發，於是變得兩敗俱傷。如果與另一半敵對，就會得不到對方的協助。因此請先完全支持對方吧。**當另一半對孩子的教養表示關心時，明確地表達自己的心情，尋求協助，就像這樣一步步著手去做。**

「一下下也沒關係，可以幫我照顧孩子嗎？孩子現在還小，我會先以照顧小孩為主，但是等他們長大後，我也希望能出去工作。」

「一個星期找一兩天都好，可以幫我照顧一下孩子嗎？如果很難，那麼假日的早上或下午，可以幫忙照顧個幾個小時，我也會很感激的。」

讓另一半共同參與育兒的秘訣

「養育孩子你也有責任，多少也為這個家做些什麼吧！」不要把自己認為是對的事情強行加在對方身上，而是用對方容易接受的方式去做請求。即使了解也做不到的人，把自己合理化之後逃避別的問題，首先必須先解決這個問題。

不了解痛苦的理由，每天痛苦地過日子感到疲累。因為是家庭主婦所以難以開口去拜託別人的人，不能辜負對方放心地把家交給我這個妻子這樣的期許。或許對這樣的另一半有著依賴。如果人際關係良好，另一半也會好好地跟我們商量。然後，試著把話說清楚，有時候問題就可以很快解決。**先維持良好的人際關係，營造什麼事都可以互相商量的家庭氣氛。**一點一滴的努力，就像孩子培養自信的過程一樣。

商討一致的教養觀，幫助孩子成長

教養孩子這件事乍看之下與工作有點類似，但實際上是不同的。即使擔任不同角色，也不可以將工作那一套拿來用在教養上面。

「把家裡打掃乾淨是你的工作吧！」

「你，不要把脫下來的衣服丟在那裏！」

「早點讓小孩睡覺。不然明天爬不起來！」

偶爾會為這樣的小事抱怨，但是家裡每天充滿著批評與抱怨，無法滿足對方的需求而造成夫妻失和。例如，發現老公把脫下來的衣服亂丟時，

「孩子的爸，過來一下，你看看這個，孩子看到也會學，麻煩你自己穿的衣服要自己收拾好。今天我先幫忙收好，下次開始請記得收好自己的東西。明天我會準備一個新的洗衣籃放在浴室，之後大家都要把髒衣服放到籃子裡，讓我們一起努力吧！」**訣竅在於用「提議」的方式來做請求。要小心不要變成指示或命令，最後就交由對方判斷。此外，也要準備一個讓對方覺得容易達成的方法。**

我們會喜歡能滿足我們需求的人，討厭不能滿足我們需求的人。如果總是習慣說教，權力及自由、樂趣是無法被滿足的。那麼，為了滿足彼此的需求該怎麼做呢？首先要從構築良好的人際關係開始。對孩子而言，父母是全世界最了解他的人，如果另一半也能成為全世界最值得信賴的人，那麼家庭就會幸福美滿。請想想看，自己對另一半所做的一舉一動是否值得被信任。

改善教養問題，從「夫妻關係」開始

有位媽媽有二個就讀小學的孩子。另一半對小孩太過嚴格這件事，讓她覺得不知該如何是好。當她對丈夫說「不需要這麼生氣吧！孩子也已經在反省了，就原諒他們吧！」，但是丈夫卻說：「就是因為你太寵他們才會變這樣，拜託你嚴格一點好不好」，兩人常常像這樣意見不合，因為和另一半的教養觀念不同，很擔心會影響到孩子。

夫妻彼此的教養理念很少會完全一致，因為各自的父母不同、成長環境不同、受到的教育也不同，所以教養理念不同也是理所當然的。即使是這樣，我們能做的並不是試圖去改變對方，而是多做自己辦得到的事，讓問題獲得解決。

「爸爸對這種事很嚴格喔！」將父親的理念傳達給孩子了解。就算孩子被罵也要安慰孩子：「雖然爸爸那樣說，其實他是非常擔心你的」，就像這樣扮演安撫的角色。

對於另一半，也要找時間和他好好聊聊孩子的教養問題，夫妻一同思考嚴格管教會對孩子的人格養成造成什麼影響。**孩子看到父母朝著相同目標一起努力的樣子，孩子也會學習到溝通的價值與被信賴的生活方式。**

第三章

讓孩子一生都有自信的教養心法

「父母以身作則」也是認同孩子的方法

只要到書店逛逛，就會看到許多關於育兒教養的書籍。取得資訊固然非常重要，但是我認為書裡寫的所有做法，都必須由父母以身作則才能真正發揮它的效果。

我在指正孩子事情前，都會想到一件事，那就是「捫心自問」。例如對孩子說「要守時」，也會問自己是否有確實遵守時間；像是遵守約定，就會反思自己是否有遵守與別人的約定；或者東西要收拾好，就會想想自己是否有確實整理好周邊的東西。

想要叮嚀孩子的時候，就反省「自己是否有做到」，也是認同孩子的一種方法。此外，試著跟小時候的自己比較。如果覺得「因為是孩子～」，就表示自己是用現在的觀點在評斷孩子。請好好回想自己的成長歷程，不也是不斷地從失敗與錯誤中學習，才慢慢變成懂事成熟的大人。

孩子正在用他們自己的方式，用小小的身體努力地思考怎麼做，只要想想自己小時候是怎麼做的，就可以退一步跟孩子站在同樣角度，然後重新審視孩子的一舉一動。

到目前為止提到的都是和「身教」有關的事。**父母通常不自覺地想要教孩子「做法」，但孩子並不是聽父母怎麼說，而是模仿著父母的一舉一動慢慢成長的。**父母是孩子的榜樣，一想到孩子把自己當作學習的對象，你覺得什麼樣的行為舉止才是最得宜的呢？

尊重孩子的決定，也能培養自信

因為關心孩子，所以不論大小事都要管，不斷地叮嚀，像是「作業寫了沒？」、「玩具記得收拾喔」、「一定要吃蔬菜」等。對孩子而言，家是可以完全放心、自由做自己的地方，是個完全不會感到恐懼與不安的安全堡壘，這對於自信的形成相當重要。

被父母命令「要那樣做、要這樣做」的時候，孩子們會覺得自己「那個做不好、這個做不好」。不論是學校、社團活動、才藝班，孩子經常被迫處在比較與競爭的世界裡。比較誰最會唸書、誰最擅長運動，在這些外在環境中，時常因為做不到而受到批評。**孩子覺得「做不到」時，將會慢慢喪失自信。因此希望各位父母在家中，能接受孩子原原本本的樣子。**

「你就是你，是非常棒的。」

「我們都很愛你。」

在外面不會有人這樣對你說。然而隨著年齡的增長，越來越少有機會能聽到這樣的話了。因此，當孩子出社會時，必須要學會認同自己，為自己打氣加油。

孩子會信任能夠尊重自己的決定的父母，而這樣的信任感可以幫助孩子培養自信。因此，不要連小問題都過度地保護孩子，把家創造成讓孩子能相信自己、肯定自己的避風港才是最重要的。

觀察學校理念，給孩子良好的教育

在學校可以培養「聽、說、讀、寫、思考」的能力，而這些是出社會時不可或缺的基本能力。透過學校生活讓孩子認識到自己與他人的不同，體會到每個人都是獨一無二的。進而接受與他人的不同，包容彼此，學習為了達成目標，如何與人相互合作、相互切磋琢磨。

父母都希望學校能給予孩子良好的教育，孩子成績優秀，待人接物有禮貌，和朋友關係良好，快樂地享受學生生活，或許大家都是這樣期待著。那麼該如何實現呢？

與孩子共同討論，選擇最佳的成長環境

就像企業有「經營理念」與「企業政策」一樣，學校也有教育理念與教育方針，父母應該先清楚了解學校的教育理念及方針。然而，**即使認同學校的教育理念，並不代表孩子一定會被教養成學校所期望的樣子。**

父母沒有辦法決定孩子是否會被教育成學校理念所希望的樣子。我希望學校能把孩子教育成好孩子。並不會特別期待學校要把孩子教的很會唸書，得到好成績。但是，我相信學校是依照著教育方針在教育孩子的。就像我兒子就讀的教會學校，當初會選擇這所學校，就是認同學校秉持著基督教精神「崇尚真理、相互尊重、培養開拓未來的創造力」的教育理念。

學校教育重於培育「知、德、體」三大能力

「希望讓孩子成績變得很好。」
「希望讓孩子考上明星大學。」
「希望開發孩子的潛力。」

父母都抱持著「望子成龍、望女成鳳」的想法，但即使做得到「這樣子的教育」，也無法保證結果。我認為學校是培育知、德、體這三種能力並使其均衡發展的地方。

「知」就是廣泛的知識與教養，「德」就是寬大的情操與道德感，「體」就是健康的身體。培養這三種能力，最後會被教育成什麼樣的孩子呢？幫孩子選擇學校時通常會考量幾個要點，例如學校是否受歡迎或是學校

的評價等。而我認為，**最好的環境是在提升知、德、體這三種能力的同時，也能培養「健全的人格與生存的能力」**，我是以此為基準，然後再進一步去選擇有相同教育理念的學校。

最重要的不是去期待學校能為孩子做到什麼樣的教育，而是父母有著明確的教育方針，學校則是扮演依照著這個教育方針幫忙教育孩子的夥伴。

學校是孩子成長環境的一部分，父母在選擇學校時，雖然外界的評價與孩子的意見都很重要。但更重要的是讓孩子確實了解父母的教育理念，並與孩子共同討論對於學校有著什麼樣的期許。

孩子活得有自信，比會唸書更重要

很會唸書、體育很好、擁有相當優秀的藝術天分，如果某件事做得比別人好，孩子就會變得有自信。如果可以，我也希望孩子們能夠盡早發掘他們自己的才華，只是我不認為唸書這件事在教養中是最重要的事。比起唸書或運動，孩子更該跟父母學習的是人格發展的重要性。

孩子在唸書或體育越是表現得很好，父母親越要好好地觀察，孩子是否是為了得到父母的讚美或認同而努力地去做這些事。當然，有好成果的時候就該給予讚美。不過，並不只限於好成果，失敗時也希望父母能認同孩子的努力。如果不能相信自己、肯定自己，即使在某個領域相當成功，但心裡卻沒有充實感。那是因為自己並沒有認同自己。

「活著真好。」在充滿父母關愛下成長的孩子會擁有這樣的感覺。不管世俗的眼光中是否認為我是個成功的人，我都能有自信地面對人生。這並不是被孤立，而是因為懂得愛自己也懂得愛別人，能夠與他人建立良好的人際關係。

我希望把孩子教養成像這樣的大人。也因此，**與其期待孩子變得很會唸書，更希望孩子成為一個懂得愛自己，也懂得尊重他人的人**，我就是用這樣的理念在教導孩子。

從小建立信賴關係，累積孩子的幸福

世界上沒有「照著做就沒問題」的完美育兒方法，要了解孩子是否已經成為一個懂事的大人，要等到孩子出社會獨立，建立自己的家庭時才會知道吧。雖然孩子會成為什麼樣的大人並不是父母可以決定的，但希望孩子幸福這件事，相信是所有父母的願望。

葛拉瑟博士曾經說過「困擾人們最大的問題，來自於不滿足的人際關係」。在自己與對方的關係惡化的時候，會從中衍生出許多複雜的問題，而為了消化這些惱人的情緒，就會不自覺地染上酗酒、毒品、賭博這種可以迅速得到快感的東西，讓自己暫時逃避。對孩子而言父母是無可取代的，正因為如此，被父母拒絕這件事對孩子來說是一大悲劇。

無法贊同孩子時，要理性地給予意見

渴求親密關係卻被對方拒絕，這是多麼令人感到痛苦的一件事。我現在也正在學習如何教育孩子，努力成為隨時能讓孩子信賴的父親。因為不論多麼想要幫助孩子，如果沒有人與人之間的信賴關係做為基礎，孩子會無視於父母說的話，那麼父母就無法在孩子的成長過程中給予協助。

除此之外，相信也有無法贊同孩子選擇的時候，**此時父母應該強烈主張的事就應該說出口。但是，要讓孩子了解父母這樣做並不是否定他，也不是**

故意要爭論或傷害他。藉由父母的需求和不同的對手聯合起來縮短親子間距離的作法，孩子會慢慢學習到被信賴的生活方式。請不要忘記孩子無時無刻都需要愛，也渴求著足以信賴的親子關係。

七個教養大忌，影響孩子的自信心

孩子在老是被批評的環境中長大，會變得容易批評他人；愛抱怨的父母所養大的孩子，孩子也會把抱怨掛在嘴邊；被威脅與處罰所教養出來的孩子，會用學著用威脅、處罰來控制他人。

孩子不是只會學父母說話，舉凡父母平常做的事，從行為舉止到待人接物以及處理事情的方法都會學習。前文提到，所謂不幸福指的是和重要的人之間的關係變得不好。然而在選擇理論中，疏遠與他人的距離以及拉近與他人的距離，對於這兩種行為各有不同的定義。

七大負面壞習慣（力的原理）

❶ 批評
❷ 責備
❸ 抱怨
❹ 嘮叨
❺ 威脅
❻ 懲罰
❼ 賄賂

即使知道這七個不良習慣會破壞人際關係，父母還是會「希望孩子不要犯相同的錯誤、希望孩子了解這件事是不對的」，然後不自覺地使用這些壞習慣。事實上這七個習慣，在短時間之內會非常有效，如果對孩子一直嘮叨，孩子會知道反省，然後馬上改正行為。**但是因為效果不會持續，就會演變成要不停地大聲責罵，於是親子關係逐漸被破壞**，到最後同樣的事不管說幾次，孩子都聽不進父母說的話。

過度用獎賞控制孩子，會教出錯誤價值觀

這七個不良習慣，代表著企圖想要控制別人，但對方的需求卻沒有獲得滿足。對孩子而言受制於最重要的父母，因為無法忽視父母的存在，所以心裡非常痛苦，於是只能逃避問題，或是當事情無法解決時就怪罪別人。所謂「賄賂」乍看之下或許不覺得這是破壞人際關係的行為，例如：

「如果考試一百分，就買電動給你。」

「如果你幫媽媽做家事，就給你零用錢喔。」

「如果鋼琴比賽得獎，爸媽就帶你去遊樂園玩。」

這些全部都是為了達到自己的目的，用來控制對方的方式，利用賄賂他人，其本質和威脅、懲罰不聽話的人是相同的，因為沒有人想被控制，於是人際關係變差。

這七個糟糕的壞習慣，甚至會影響到孩子的人生觀。批評、責備、抱怨。把人際關係不良的原因推給周遭的人或環境，於是更加依賴用這些壞習慣去控制所有的事情。相對於破壞人際關係的壞習慣，也有培養人際關係的好習慣。

七種正向好習慣（愛的原理）

❶傾聽
❷支持
❸鼓勵
❹尊敬
❺信任
❻包容
❼協調

這七個好習慣可以建立良好的人際關係，是因為可以滿足對方需求。我們的基因中存在著「想要與重要的人建立愛與被愛的關係」，也就是所謂愛與依附的需求。

所謂良好的人際關係，馬上想到的大概就是朋友之間的交情。不論自己變得如何，好朋友都能給予包容，總是會為我著想。因為彼此之間存在著這種堅定的信賴，所以會想要好好珍惜這份友誼，只要相處在一起就會感到幸福快樂。話雖如此，我們還是會在不知不覺中，濫用了那七個壞習慣。而這些壞習慣帶給孩子的痛苦，是遠遠超乎大人們所想像的。

無止盡地斥責，會讓孩子出現負面行為

因為孩子無法從父母的身邊逃離。當再也承受不了痛苦的時候，孩子會開始發出危險訊號。**於是產生了漠視、反駁、反抗、自閉、自殺、拒絕上學**

等問題行為，為的就是想從痛苦中解放出來。如果不小心對孩子濫用了這些壞習慣，請誠實地向孩子道歉吧！

「爸爸想要成為世界上最了解寶貝的人，但是爸爸覺得我今天說的話有點太過份了，下次會注意的。對不起。如果之後爸爸說話讓你覺得不舒服，一定要記得跟爸爸說喔！」

假使有不應該使用這七種壞習慣的想法，也是一種批判。主要是要了解有拉近人際關係的習慣，也有疏遠人際關係的習慣，而為了建立良好的親子關係請選擇有效的行為習慣吧。即使無法有效執行，也要接受這樣的自己，然後思考如何改善，這樣才能進一步實現七種正向的好習慣。

誠實表達想法，讓孩子自信不自傲

有位媽媽覺得非常煩惱，她的孩子每天早上六點起床唸書，看到孩子這個樣子會想要誇獎、認同他，但是又擔心如果誇獎過頭，會不會讓孩子變得驕傲。如果是我，我會對認真唸書的孩子這樣說：「〇〇，你每天早上都很有毅力早起唸書，爸爸很佩服你認真唸書的態度，對於眼前該做的事很努力地去做，真的很棒喔！」

相信很多父母會擔心，因為讚美會讓孩子變得過度自傲，這時候父母就該接受事實，然後把真實的感受誠實地告訴孩子。

孩子越肯定自己，自信就會伴隨而來

所謂讚美，很容易和「賄賂」連結在一起，即使自己沒有發覺，但有時候在無意間，還是會不小心說出控制別人的話語。孩子就是這樣從父母的言行舉止中學習如何待人接物的。

與其讚美，不如去承認、接受事實。隨時注意自己是否不自覺地想要控制對方，然後小心發言。我認為比起提高認同的基準嚴格地對待孩子，不如在發現錯誤的當下立即承認來的有效。自我肯定的機會越多，越能滋養孩子的自信，而承認錯誤的次數多寡則不用太過於在意。

由衷地認同，讓孩子在鼓舞中成長

我常常去為孩子加入的棒球隊加油，比賽獲勝時可以率直地替他感到開心，但輸的時候則是感到相當可惜。即使是這樣也會鼓勵孩子「你已經盡力了，別氣餒」。但是這和我內心真正的想法是不同的，其實內心很想大聲地說「怎麼會輸呢？應該要再多加把勁啊！」

我知道讚美孩子是很重要的，但是讓我感到困擾的是，像這樣隱藏自己的內心給予鼓勵或讚美是對的嗎？其實這是某位母親曾來找我商量的事情，自己心裡面所想的即使沒有說出口，對方多少也感受得到。言語不是只有用耳朵聽，心裡也是感受得到的。

父母發自內心所說的話，才會在孩子內心引起迴響。如果不是發自內心的話語還是不要說出口比較好，沒有必要勉強自己去表示認同。雖然輸掉了比賽，但直到最後孩子都沒有放棄全力以赴，就該鼓勵並認同他們的努力。

從孩子的角度出發，就能找到更多認同點

「今天的比賽很可惜，不過因為棒球是團體運動，就算再怎麼努力也有輸球的時候。如果你覺得有盡全力投球，媽媽覺得這樣就足夠了。如果覺得還沒有把百分之一百的戰鬥力都發揮出來，下次的比賽再盡力試試看，媽媽會一直為寶貝加油的！」誠實面對自己的內心，然後將真正的想法傳達給對

方是很重要的。如果真的找不到認同點，請仔細想想自己是否站在父母的觀點在看待這件事情。

「足球踢不好，很難成為正規球員。但是，練球從來沒有缺席過。」

「雖然沒有辦法出場比賽，但總是在板凳區拼命地為同伴加油。」

「雖然考試的分數低於平均值，但是原本不會的問題後來解開了。」

如果從孩子的角度來看待事情，就會發現有很多值得認同的地方。孩子們按照自己的步調，用自己的方式盡全力地努力著。**如果你很難認同孩子，或許是因為自己本身在過去很少獲得認同的關係。**

無法被父母充分認同的孩子，會很難去認同別人，如果沒有比別人優秀就得不到稱讚，無法享受活著的樂趣，活著只是為了得到結果而已。在心理存在著自卑感，一心一意只想要得到認同。長大成人之後，很少有機會能夠遇到真心認同別人的人，**所以在孩子小的時候請盡可能地給予認同吧！**

我在結束一天的忙碌生活時，會一邊擁抱自己，一邊安慰自己，並對自己說「仁志，今天一整天辛苦了」、「你今天也盡全力了。很棒！」。所以父母親們也請試著認同自己吧，父母與孩子都不是聖人。一起努力做到最好，相互認同一起成長就足夠了。

過度寵溺，會助長孩子的任性

我的六歲兒子剛上小學，每次放學後一回到家就會馬上跑來跟我撒嬌說：「媽媽，我要抱抱、我要抱抱！」。有時候剛好在忙家事只好先拒絕：「等一下再抱喔！」，但是孩子就會當場大哭，然後一直黏在我的身邊。最後被吵到心軟就會抱起孩子，很擔心要這樣寵兒子寵到什麼時候，如果一直這樣兒子會不會沒辦法獨立呢？

孩子會向父母撒嬌，是因為跟父母在一起時可以從中得到安全感。**年齡越小的孩子因為不能靠自己獲得安全感，所以會藉由向父母撒嬌得到關愛，**

滿足愛與歸屬感的需求。

因為還只是六歲的孩子，上學後就離開媽媽的身邊想必一定很難受吧。所以會想要待在父母身邊，想要得到父母的關愛，**如果冷淡漠視孩子的心情，孩子很有可能會因此受挫退縮封閉自己**，或是在長大後變壞，變得不想上學等。所以當孩子撒嬌的時候，請好好地疼愛他們吧。

溺愛是「應該教導的事，卻放任不管」的行為

很多人認為「溺愛讓孩子會無法獨立自主」，雖說溺愛是不好的，但適度疼愛卻可以培養孩子的自主性。

溺愛與疼愛，這兩者之間有很大的差別。溺愛是指明明知道「原本應該

要這樣做」的事，卻不教導並放任不管的行為，例如，孩子想要什麼就買什麼給他。孩子明明可以自己換衣服，父母卻還是幫忙穿；不說「謝謝」；隨便拿走別人的東西、不排隊、不遵守約定。在公共場所吵鬧等，即使是這樣也放任不管的行為。

溺愛不只是助長孩子的任性，**也會產生「一定會有人出面幫我」、「自己不用負責沒關係」這樣的依賴心理。這和自主性及責任感是相互對立的。**

覺得「會有人幫我、別人一定會幫我做」，有著過度的依賴，但卻沒有自信。維持親子關係很重要，但是為了不破壞關係而溺愛，這樣並不是為了孩子好。

害怕破壞親子關係而寵溺，並不是為了他好

該「疼愛」到什麼程度，什麼時間點可以「溺愛」，或許非常難拿捏，所以要試著去揣測孩子的心裡在想什麼，是想要父母的愛，或者只是任性地想照著自己的意思做。疼愛是父母關愛孩子的行為，所以請好好善用口語和肢體接觸的機會，增進親子間的親密感吧。但是，**如果連孩子可以做得到的事父母都還要代勞，這樣無法培養孩子的自主性。**

「吃完盤子要自己洗喔！」

「乾淨了耶，你覺得如何呢？」

「〇〇有遵守約定所以很受朋友們的信賴。」

「如果不要吵鬧，大家都能好好地開心吃飯。」

「這個玩膩了嗎？要改玩這個娃娃嗎？」

像這樣不要過於疼愛孩子，不濫用七大壞習慣，試著讓孩子懂得自律。

有的孩子在想睡覺或疲累時會任性吵鬧，但是因為孩子還處於學習自律的過程中，所以請一邊觀察孩子，該適度地給予協助時請主動幫忙孩子吧！

肯定孩子的努力，幫助他找回自信

「反正像我這樣，做什麼事都會失敗！」

「算了，我絕對做不到！」

「做了也沒用！」

當孩子說出這樣的話時，可能意味著孩子正在失去自信當中。**「反正」這句話的背後，隱藏著自己無法愛自己**，自己無法認同自我存在的複雜心理。這時候請先試著接受孩子。傾聽、包容，然後肯定孩子存在的價值。

「你就是原原本本的你，不要與他人比較，希望你能珍惜自己的人生好好地活下去。這是爸爸媽媽最大的心願」這樣的關懷，會讓孩子懂得愛自己。**當孩子遇到挫折，說出否定自己的話時，請試著問孩子「〇〇你為什麼會這麼覺得呢？」**。

然後，希望父母能讓孩子了解「我們愛著原原本本的你」。

「〇〇對媽媽來說是無可取代的喔！爸爸也這麼覺得。〇〇是我們的寶貝。有沒有什麼是爸爸媽媽可以幫得上忙的呢？爸爸媽媽不論何時都是支持〇〇的，我們很高興可以幫你的忙。」

我的兒子跑的不快。在學校的運動會中列為跑不快五人組中的第二名。即便如此，看著兒子努力奔跑的樣子，我會在跑完之後對他說「做的很好」給予認同。即使是第五名我也會說出同樣的話。

在認同下長大的孩子，會充滿熱情

不是和別人比較後覺得如何，而是把焦點集中在孩子努力的地方上，讓孩子藉由「被認同」這件事慢慢學會肯定自己。順道一提我兒子最大的優點是，喜歡的事情會充滿熱情。對於自己喜歡做的事會貫徹到底，這樣的專注力就連大人的我都感到佩服。

每個人在成為大人之後，就會被迫進入到飽受他人評價的現實世界中。為了迎接這個時刻的到來，或許我們會希望孩子能養成「我不認輸」這樣的堅強意志或我要贏的習慣。

當然，在備受矚目下表現的相當耀眼，或是完成困難的任務，這樣的經驗越多，越能幫助孩子建立自信，不論在什麼情況下都能夠保持在前幾名。但即使成為第一名，無法維持下去的話就會變成是輸家，況且沒有人可以一輩子都是第一吧！

因為有對手才有競爭，不論怎麼努力都可能會有更強的對手出現。我們所能做的就是專注在努力更新自己的最佳紀錄上。**如果競爭對手是自己，就不會因為比較而喪失自信**。不論是第一名或最後一名，我們所能做的就是，盡力把自己的力量發揮到淋漓盡致。

孩子拒絕上學時，請先了解背後的理由

「把孩子當作獨立的個體來看待，而不是當成父母的所有物。」幾乎所有的父母都能充分理解這點。但是，有時候會有一瞬間不小心忘記這種理所當然的事。有位三歲小男孩剛上幼稚園，早上突然說「我今天不想去幼稚園」。父母想強制把他帶去幼稚園，於是他放聲大哭，最後還是想辦法把小男孩拖去了，但是隔天他連制服都不想穿，使盡全力地拼命抵抗著。

父母感到束手無策，於是跟幼稚園老師商量，老師說：「總之先把他帶過來，接著我們會想辦法的。」媽媽聽了幼稚園老師的話，彷彿打了一劑強心針，在心裡下定決心「不管如何費力，一定要把孩子帶去」，但是突然又覺得不安，「如果這樣，孩子從此討厭去幼稚園該怎麼辦」。

先傾聽孩子，逼迫、勉強無法解決問題

發生這種情況時，不是把孩子強迫帶去就能解決問題，**我認為必須取得孩子的認同後再帶去比較好**，而且父母請試著找出孩子不想去幼稚園的原因，因為孩子會這樣做，其中一定有他的理由。

媽媽：「〇〇不想去幼稚園嗎？是肚子痛嗎？發燒了嗎？還是有別的原因呢？可以跟媽媽說嗎？」

孩子：「我就是不想去。」

媽媽：「為什麼不想去呢？」

孩子：「因為很無聊。」

媽媽：「喔，原來是這樣啊！媽媽也覺得如果很無聊就會不想去。但是啊，也不是全部都很無聊吧！跟朋友玩的時候或是吃便當的時候應該很開心吧！」

孩子：「是啊，雖然是這麼說沒錯……」

因為還只是三歲的小男孩，或許無法把不想上學的理由說得非常清楚。所以請一邊傾聽一邊理解孩子的心情，**試著讓孩子了解上幼稚園也是有很多開心的事情。**

媽媽：「平常都跟朋友一起玩什麼呢？」

孩子：「一起賽跑、盪鞦韆、跳房子……」

媽媽：「覺得開心嗎？」

孩子：「嗯，很開心」

媽媽：「那這樣要不要去幼稚園跟大家一起玩呢？」

或許沒有辦法很順利地進行對話，但是耐心傾聽，理解孩子的心情，就能慢慢讓孩子覺得幼稚園是個快樂的地方，可以滿足自己心靈的地方。

孩子的行為並非出於自願時，就無法養成自信

最壞的解決方法就是「說服」。用說服的方式或許可以讓孩子去幼稚園，但因為孩子是忍耐地去並非出於自願，往往會使孩子喪失自主性。**當孩子覺得被強迫做事時，就無法成為自信，請相信說服這個方法是沒有用的。**

「你要上幼稚園這件事是已經決定好的，你不去幼稚園的話爸爸媽媽就不能去工作，這樣你知道會變成怎樣嗎？就會沒錢買衣服、沒飯吃，也不能出去玩了。知道嗎？」

「為了讓你長大後能融入社會，要先在幼稚園學會交朋友，過團體生活，這都是為了你好，或許會有點寂寞，但這個社會就是這麼現實，不加油不行啊！」

「如果不想去幼稚園就不要去了，隨便你！」

「幼稚園學費很貴，不去很浪費錢的呀！」

這些都是對孩子沒有任何幫助的題外話，**當孩子非常固執地表示「我就是不想去」時，建議就晚一點再去，或是把孩子帶到幼稚園附近再看情況，**跟幼稚園老師商量，先讓孩子休息一天都是可行的方法。對於強迫帶去這件事我是持反對意見的，孩子有可能只是因為情緒或身體感到不舒服才不想去，並不是因為討厭幼稚園。

那個沒有被滿足的心情是什麼呢？有沒有讓自己、父母與周遭的人都能滿意的解決方法呢？**父母的職責就是讓孩子自己去思考，幫助孩子找出讓自己與周遭的人都滿意的解決方法。**

「為什麼要哭呢？跟媽媽說好不好？」

因為父母的一句話，就能讓孩子開始去思考自己內心糾結的原因。並不是父母擅自將原因歸咎為「因為還是孩子」，而是幫助孩子去找出問題的解決方法，讓孩子去思考更多可行的解決方法。透過這樣的經驗累積，找出大家都能認同的成熟解決方式。

勇敢放手，別剝奪孩子尋寶的自由

正在閱讀本書的父母當中，可能有些是小時候家境清貧，吃了很多苦，從小就被要求要獨立自主的人吧。有位媽媽回想著，自己小時候為了負擔家計從國中就開始打工的情景，然後看著女兒現在的樣子感到非常憂心。

「媽媽在差不多像妳這麼大的時候就開始打工了，從來沒有讓父母開車接送過。」

想讓孩子實際了解到現在的環境是多麼優渥，想讓孩子懷抱著感謝的心情，但是聽到孩子說「現在和媽媽以前的時代不一樣了啦！」，心裡只有無奈。這位媽媽因為隨時抱持感恩的心情，才能擁有現在衣食無缺的生活吧。那是人生中非常重要的價值觀。

只是，即使本質上是非常重要的事情，要孩子們理解也是非常困難的。我也是從小學六年級開始當派報生，但是如果我對著兒子說：「像爸爸當初那樣做做看」，想必一定會被回絕說「我不要」。

即使問「為什麼」，也只會被回嘴「我的朋友沒有人在做派報生」。這和前文的幼稚園問題不同，不論怎麼營造「從小當派報生練習打工，可以鍛鍊身心」這樣的美好印象，孩子有可能還是無法認同。

人類會去適應所處的環境，儘管對孩子說「當初爸爸是這樣、當初媽媽是那樣」，孩子也無法感受的到。**不論是多麼重要的價值觀，把自己的經驗視為絕對，強迫孩子接受只會引來更大的反彈。**

生活的跌跌撞撞，都是孩子成長的養分

尋寶還是要自己親身體驗才會覺得有趣，時常看到有父母相當擔心孩子的情況，於是迫不及待地想趕快告訴孩子答案。先前也有提到，孩子要跌跌撞撞地從錯誤中學習才能找到正確答案，**如果剝奪了這樣的自由，讓孩子走在父母鋪好的道路上，是無法培養自主性的。**

減少開車接送的次數、讓孩子幫忙做家事、零用錢超過一定額度時就不再多給，或者是讓孩子住在學校宿舍、送到海外留學、讓孩子一個人生活等，有很多方法可以讓孩子脫離舒適圈，進而了解到舒適圈的可貴。

感恩的心情要等到本人遇到困難，然後得到幫助時才會油然而生，如果

沒有這種親身經歷，是很難懂得感謝及感恩的。如同俗話說「養兒方知父母恩」，有很多事情沒有身歷其境的話是無法了解的。感謝和感恩也是相同的道理。

「你喜歡這個吧！」

「我覺得你較適合這個。」

「不對、不對，這個要這樣做才對！」

父母先出手干涉的結果，會讓孩子無法發現自己的喜好，不知道自己想做什麼，我覺得這樣的父母最近有增加的趨勢。

「重覆」能幫助孩子養成好習慣

我深深覺得教養孩子的過程中，「重覆」這件事極為重要。如果只有注意個一、二次就希望孩子可以養成好習慣，也未免把教育孩子這件事想得太簡單了。

有位國中一年級的男孩，每次回家就把脫掉的衣服隨便亂丟，壓根兒都沒有想到要收好。已經講了好幾次，制服要用衣架掛起來，髒衣服要放在洗衣籃裡，但是不論講了幾次，亂丟的壞習慣就是改不過來。

教養就是容忍，我深刻地體會到容忍是由父母對孩子的愛轉變而來的。

教孩子教得很煩生氣地喊著「要我說幾次才會懂」，然後叫孩子去做，或是用處罰來逼迫孩子遵守規定，這些方法只能在孩子小的時候才行得通。一旦孩子成為國中生後，即使用相同的方法也管不動了。

夫妻同心協力教育孩子，讓育兒變輕鬆

這時候只要善用七種表示關心的習慣，讓孩子自發地培養出好習慣，但父母也要練習忍耐。**即使孩子好幾次都破壞約定、想放棄、覺得麻煩，父母必須要很有自制力、有耐心地表現關愛**，此時也需要另一半的協助。只要擁有「夫妻同心協力共同教育孩子」這樣的共識，相信育兒就能輕鬆許多。

幫助孩子養成習慣最重要的就是「容忍」與「重複」這兩大要素。

媽媽：「〇〇，制服要記得用衣架掛起來喔！自己的東西要自己收好。知道嗎？」

孩子：「嗯，我知道了」

可是，隔天孩子還是一樣把衣服亂丟，這時候媽媽只能繼續重複提醒。

媽媽：「〇〇，洗澡前要記得把制服掛在衣架上，髒衣服丟到洗衣籃裡面喔！」

孩子：「嗯，我知道了。」

然後隔天，這次孩子終於記得把衣服掛好了。

媽媽：「〇〇，你今天有把制服掛好，幫媽媽節省了很多收衣服的時間，謝謝你喔！」

淡定面對孩子的鬆懈，別用失控情緒教孩子

「孩子遵守規定時，父母就要給予認同」這件事，很意外的是竟然大家都做不到。多數的父母都是對孩子說：「有心做一定做得到，不是嗎？」**得到父母的認同，孩子就會覺得有成就感，而小小的成就感會變成孩子想做的動力。**

有可能過了一陣子之後孩子又開始鬆懈，這時候請切記，不要把焦點放在孩子沒做到的事情上，而生氣責罵「為什麼到前陣子為止都有做到，但現在又做不到了呢？」、「又亂丟沒有收好了喔！」這樣的話語，而是要冷靜淡定地提醒孩子「衣服要記得掛起來喔！」

如果只是一味地強迫孩子接受父母的標準，只會讓彼此關係更加惡化，請好好思考，什麼樣的話會拉近親子關係或疏遠親子關係，與孩子一同分享完成與成功的喜悅吧！

對孩子正在努力的事，大方給予鼓勵

我讓小學一年級的女兒學鋼琴、芭蕾舞、英文還有游泳，花費了比其他父母還要多好幾倍的精神、時間及金錢讓孩子學習這些才藝，但不管讓孩子學什麼都學不好，讓我這個做媽媽的感到很煩惱。

「即使做不好，但至少也許孩子很有熱誠，可是女兒幾乎不太想學。看到我這麼拚命地在一旁加油支持，如果能給我一些回應也好。我這樣想是不是沒有資格為人母呢？

沒有不期待孩子的父母，即使是這樣，若是結果不如預期就感到不滿，那就違背了期待的初衷。孩子不是父母操縱的人偶，絕對不能給予期待然後要求孩子回報，真正的愛是不求回報的。

過度期許，反而讓孩子變懶散

每個孩子都擁有無限的可能性，這位小女孩不想學，是因為還沒有遇見真心喜愛的事物。雖然無法預知什麼時候會突然開竅，遇到喜歡的事，但因為是自己的孩子，所以請保持信心期待那天的到來吧！

如果期待太高讓孩子無法負荷，那就表示這樣的期待已經超出孩子的能力範圍了。只要認清現實，專注在做得到的事情上，焦躁與不安自然就會消失，因此對於孩子正在努力做的事，請真心地給予鼓勵及認同。

教孩子坦率表達意見，他會更堅強

對有小孩的父母們做問卷調查，題目是「你希望養育出什麼樣的孩子？」。前三名的答案是「和善懂得替人著想的孩子」、「了解別人的痛苦的孩子」、「重視朋友及夥伴的孩子」。另外也有不少父母希望「培養出堅強的孩子」。

「堅強的孩子」可以想像這其中包含了許多的含意，例如以下的例子：有個五歲小男孩的玩具被別的孩子搶走了，雖然期待他會生氣然後把玩具搶回來，但他什麼都沒說，若無其事地繼續玩著。

雖然平常就是個懂事的孩子，但是父母非常擔心，這樣長大後到底能不能夠一個人獨立生活？所以希望孩子能成為更堅強的人。相信也有父母是這樣想的吧！因為是男生，所以東西被拿走了就要搶回來，希望男孩能有被欺負了就要還手的堅強意志。

孩子被欺負時，先傾聽，再教他處理情緒

父母單方面地認為，因為玩具被別的孩子搶走了，所以就覺得自己的孩子是懦弱的。**但重要的是，被搶走玩具的孩子是什麼感覺？**「玩具被搶走時，你有什麼感覺呢？覺得給人家玩也沒關係？或是很不開心呢？」父母請細心地確認孩子的感受。

「原來是這樣，覺得很討厭啊！不過啊，不要因為玩具被搶了就失去自信喔！因為隨便拿走別人玩具的人才是不對的。」

包容與認同受了傷的孩子，**等孩子恢復信心時，再教導他覺得不愉快時該怎麼處理情緒。**

「如果不想被別人強行拿走，你可以直接跟對方說『這個是我很寶貝的東西，請不要拿走』。確實地把自己的想法傳達給對方是很重要的，如果不喜歡就要坦率地說出口，如果不敢說你可以找爸媽商量。不能隨便拿走別人的東西這件事，是社會上每一個人都該遵守的規矩，我也請老師幫忙注意的。媽媽永遠都站在〇〇這邊，有任何困擾的事情都可以跟媽媽說喔！」

就像這樣循序漸進，**讓孩子了解社會的規則，學習如何在社會中生存來滿足自己的需求，以及解決問題的方法。**

「你就是太過懂事才會一直吃虧，這樣下去真令人擔心，再強勢一點吧！」這樣就像是對跑的慢的孩子說「再跑快一點」是一樣的道理。如果希望孩子變堅強，那麼就請教導孩子變堅強的方法。

父母提出問題，讓孩子思考答案

自己與對方的需求不同時，怎麼做才能讓雙方都覺得好過呢？為了達到這個目標，最有效的方法是七種關心好習慣裡的「協調」。不要只是一味地責怪對方然後把自己正當化，要經常對談，傾聽對方的意見，同時也誠實地說出自己的想法，這樣孩子才能從父母身上學到協調的意義與價值。

過程中也會有孩子不曉得自己想要的是什麼，這時候可以問孩子「你覺得如何呢？」、「你想怎麼做呢？」，然後聽孩子怎麼說。孩子會因為父母的提問，開始去思考「我原本想怎麼做呢？」、「自己想要的是什麼？」。

當孩子很明確地知道自己的願望及需求時，父母親就能提供方法，教孩子如何滿足願望，**當孩子腦海中的解決方案越來越多，就越能培養出堅強勇敢的生命力。**

讓孩子專心做自己，成長不需要比較

父母常常會拿自己的孩子與朋友的孩子比較，前幾天看到女兒與同年齡的男孩（幼稚園大班）很開心地一起看繪本，這讓我感到非常忌妒。因為「我的孩子沒辦法一個人看繪本」，不光只是這樣，甚至會覺得「如果這本書內容很難懂，那就不要看書就好了」，這也難怪自己都會覺得討厭自己。

雖然了解跟別人比較也無濟於事，但就是會不自覺地去比較，像我這樣是不是沒有資格為人母呢？那個男孩應該是很小的時候就開始學國語了，所以可以很輕鬆地讀完超出自己年齡程度的書籍。就像這位母親所說的，和別人的孩子比較並不會為自己的孩子帶來正面影響。

我最近開始養柴犬，因為是血統純正的狗，有人建議我「有沒有考慮讓這隻狗參加狗狗的展覽會呢？」展覽會就是名副其實的比較大會。如果輸給其他狗會是什麼樣的心情呢？或許會覺得非常不服氣，然後想養更優秀的狗吧。因為這隻柴犬是我跟兒子約定好「要照顧牠一輩子」才決定要養的，於是堅決地拒絕了展覽會。

自卑、不安是打擊孩子信心的絆腳石

從比較衍生出來的，不是優越感就是自卑感，而這兩者都是培養自信時的絆腳石。即使是這樣，我們還是不自覺地會跟別人做比較。如果無法停止比較，那麼就想想看有什麼方法可以提升自我。以剛才舉的例子來看，不妨可以詢問男孩的母親「為什麼你的孩子都看得懂書的內容呢？」、「國文是在那裡學的呢？可以告訴我嗎？」藉此幫助自己蒐集資訊。

如果別人有比我們優秀的地方，就把他當作學習的對象。如果發現我們有比別人厲害的地方，那就想辦法讓自己更上層樓。**把對方當作是一面鏡子來激勵自己，那麼不論從任何人身上就都可以找到學習的契機。**

孩子的成長速度在小時候就能明顯看出是否比其他小孩慢，現在看著孩子就開始擔心之後的成長速度會不會比別人慢，於是感到不安、失落，甚至忌妒，但是長大成人後會變得如何，是無法預知的。即使學校成績很好、社團活動都一直相當地活躍，並不代表長大後就會成為了不起的人。

就像我先前提到的，向父母們做問卷調查，詢問大家希望養育出什麼樣的孩子？得到的答案是「和善懂得替人著想的孩子」、「體貼他人的孩子」、「重視朋友及夥伴的孩子」，不論是哪個答案都和知識或能力無關。

孩子會因為父母帶著擔心的期望而變得不安，心理會覺得「我是不是比較差」。就算贏了別人，也是因為想要隱藏自卑感或想從不安中逃離，但是這樣是無法培養自信的。**因此請讓孩子自由自在地成長就好，當專注在自己做得到的事情時，就不會羨慕別人，而是樂在其中。**

透過對話，分析孩子說謊的動機

孩子的謊言有些可以馬上識破，有些沒有辦法馬上判斷出真假。媽媽問四歲的小男孩「東西都收好了嗎？」、「媽媽說的話都有照實跟老師說嗎？」，男孩總是回答「嗯」。但是事後確認時卻發現都沒做到。於是媽媽對男孩說「不可以說謊喔！打勾勾！」，這個時候男孩還是只回答「嗯」，但是一點都沒有要改過的意思。

孩子還太小，無法理解「約定」的意義，可能也不了解說了「嗯」之後，如果沒做到就會變成「說謊」。如果想要讓孩子了解什麼是約定，**每次**

當孩子不遵守約定時對孩子說「下次你希望媽媽怎麼做呢？」。透過這樣的一來一往，相信孩子就能慢慢地了解約定的含意。

例如，請試著問孩子「〇〇，還記得媽媽有拜託你跟老師說嗎？」如果孩子記得，就說出自己已知的事實「那麼，那件事有跟老師說了嗎？可是老師說他不知道喔！」。

觀察孩子的表情及動作，搭起「說真話」的橋樑

像這樣按部就班地詢問，或許會得到「啊！我忘記了」這樣的答案，然後就接著問孩子「那下次你希望媽媽怎麼做呢？」。即便如此孩子還是有可能不遵守約定。**但只要不斷重複提醒，孩子就會慢慢地了解到，一旦接受父**

母的請求，就必須要做到。

一位五歲的小女孩已經準備好要去幼稚園，在出門前突然說「肚子痛」。因為早上整理時都還好好的，到底是真的肚子痛，還是不想去幼稚園，又或者只是想跟爸媽撒嬌，無法辨別哪個才是真正的原因。

孩子有時候會裝病，一開始請先不要下定論，覺得孩子一定是說謊，先確認孩子是不是真的生病了，量體溫、詢問肚子哪裡痛？是痛到受不了嗎？還是休息一下就好呢？先仔細了解孩子的狀況。

然後讓孩子選擇「在家休息就好，還是去看醫生？」如果父母擅自認為「該不會是因為不想去幼稚園所以才說謊吧！」，這樣會打擊孩子的信心。

如果某天發現錢包裡面的零錢都不見了，家裡只有媽媽跟小學二年級的女兒，這時候要怎麼讓孩子自己承認有偷拿錢呢？

「〇〇，今天發生了一件不可思議的事，媽媽剛才發現錢包裡面的零錢都不見了，家裡好像有小偷闖進來。重要的錢不見了讓媽媽覺得很傷腦筋。如果有小偷，應該要馬上叫警察來。〇〇，你知不知道任何關於小偷的線索啊？」先試著這樣問孩子，然後觀察孩子的表情及動作，應該就可以看出來孩子是否有說謊。**如果孩子看起來不像有說謊的樣子，那就不要再繼續追究，因為也有可能是自己搞錯了。**

即使覺得孩子看起來怪怪的，但是如果沒有證據，不管問幾次都只是得到「我不知道、我不曉得」的答案，那麼請父母別再窮追不捨地追問。透過這樣的互動確實讓孩子了解，「不可以擅自把錢拿走，這樣做不對」是非常重要的。

孩子辱罵他人時，就要嚴格管教

前文都是關於如何維繫良好親子關係的重要性，而這與避免衝突這件事是截然不同的，因為也有需要嚴格管教孩子的時候。

有位國中二年級的男孩，一直以來都是個聽話的好孩子，但是進入國中後態度突然大轉變，就連跟他說話也幾乎很少有回應。如果只是這樣還好，但他卻變得愛遲到、不寫作業、補習班翹課。母親提醒孩子要注意一下，卻被大聲咆哮回話：「妳很煩耶！臭老太婆！」像這種時候就應該嚴格管教。

「○○，過來坐在這邊，你剛才說了什麼？你說『老太婆』了吧！『老太婆』是指誰！就算你是我的兒子，爸爸也絕對不容許你說話侮辱媽媽。爸爸媽媽都是真心地希望你能開心才會這樣提醒關心，以後不準再說話侮辱媽媽，有些話可以說，但有些話是不能說的。」嚴厲地斥責，最後問孩子「你覺得爸爸說的有沒有道理？」，讓孩子說出他的看法。

孩子出現侮辱他人、暴力行為，一定要嚴厲指正

等孩子的情緒穩定下來後就是一個好機會，詢問孩子「為什麼會說出那種話？」、「有什麼心煩的事情嗎？」，進一步瞭解孩子的壓力來源。

七歲的兒子在吃飯時，我用比平常稍微嚴厲的口吻跟他說「吃相要好一點」，結果兒子就拿著叉子指向我，然後用恐怖的表情瞪著我。可能是在學

校發生了什麼不開心的事，但是等到他也對別人做出這種舉動再責罵就太晚了，這個時候就該停止用餐然後訓斥一番。

反覆督促，讓孩子了解事情的嚴重性

於是我對孩子說「你的手在幹什麼？不可以拿尖銳的東西指人，你過來一下！」把他帶到別的房間去，讓他坐在我前面，接著把尖銳的東西指人這件事的嚴重性對孩子諄諄告誡，直到孩子自己說出「我知道了，以後絕對不會再這樣了」為止。

侮辱父母、對他人施予暴力，像這樣的行為或態度就該嚴厲指正並要求改正，**就算孩子還小，也是要確實地教導什麼是不能做的事情。**

有位國中一年級的男孩從媽媽的錢包偷拿錢去買遊戲機，被媽媽追究這件事，最後自己承認「是我拿的」。像這樣可以看的出來孩子有在反省，不過因為「竊盜」是不對的行為，就算用溫和的語氣訓誡，為了讓孩子不再犯同樣的錯誤，還是要嚴格的處罰。

「爸爸一直以來都很相信○○，但是你今天這樣讓我覺得很難過，你自己覺得呢？如果真的有在反省，希望你保證以後不會再犯同樣的錯誤。人都是從失敗中學習成長的，所以這次就當作是經驗，我不會再追究下去，不過，希望你可以好好反省，這件事就不能這樣算了。即使拿的是父母的錢，但因為你無法分辨是自己的東西或別人的東西，所以爸爸認為應該報警請警察伯伯處理，你覺得呢？」要像這樣子督促孩子自我反省，然後要求孩子寫悔過書。

「請寫下我不會再犯相同的錯誤的反省信，爸爸不會原諒犯罪的行為，即使是自己的孩子也一樣，這就是社會的規範。」

當孩子被嚴重告誡的時候，才開始了解到事情的「嚴重性」。雖然沒有動手打孩子、大聲責罵或威脅，但是為了孩子著想，一定要嚴厲教導，當做出違法或不被允許的事情時，必須承擔怎樣的後果。

當下指正，才能鞏固親子關係

平常當個脾氣很好的爸爸媽媽，當真正生氣起來時就要非常嚴肅，孩子的成長需要父母的教導。「不論孩子做什麼都不生氣，如果生氣責罵擔心會影響到親子關係」這樣並不是為了孩子好。孩子都會犯錯，該嚴格管教時就要當場嚴格指正，因為這正是督促孩子自我反省的最佳時機。**等事過境遷才說「那個時候你……」，只會被孩子厭惡，親子關係也會變差。**

彼此都冷靜下來之後，請好好地跟孩子解釋，為什麼會說出這麼嚴厲的話以及責罵的理由。「爸爸、媽媽都是很愛你的，但是……」像這樣向孩子清楚地表達父母的愛，然後讓孩子了解錯誤行為是必須改正的。**對於沒有商量餘地的事情，父母必須堅定立場。孩子會感受到父母認真的態度**，而到目前為止的親子關係，通常會在這時看得非常清楚。

父母不放手，孩子永遠不能起跑

這孩子從小就是個聽話的好孩子，但是從某個時間點突然變了樣，從此之後開始叛逆、上學翹課、和壞朋友來往，這就是變壞了。孩子會變壞都是來自於父母將七種壞習慣用在孩子身上所產生的後遺症，**因為比起讓孩子自己判斷或選擇，一直以來父母總是先幫孩子做決定的關係。**很多好孩子都是裝出來的，如果孩子強迫自己忍耐，總有一天會爆發。

即使另一半總是對孩子使用七種壞習慣，但是改變對方或口出惡言都不好。只要善用七種關心的好習慣，孩子就有所依靠，不會被剝奪自信。

孩子「好聽話」，會漸漸抹殺掉他的潛能

因為孩子會反抗所以就不愛孩子，其實是種威脅或處罰。**無論孩子做出什麼超出一般常理的事，都要先表達自己的關心，然後傾聽孩子的意見**，這時候父母也要確實提出自己的看法。如果不論如何都無法達成共識，也要讓孩子了解，父母不想讓親子之間的關係惡化，只想要好好解決問題。在得到孩子的理解後，和孩子一起找出最佳的解決方法。

葛拉瑟博士說過「比起正義，永遠要把人際關係擺在第一順位」。只有孩子自己可以讓自己的人生成功，父母是無法代勞的。身為父母只要提供意見，不要過度干涉，讓孩子自己從錯誤中學習吧！千萬切記，親子間的信賴關係就是建立在這樣的互動基礎中。

與青春期孩子相處，請先制定規則

「某天對著國中三年級的兒子說話時，他突然只是冷淡地回答「沒什麼、還好」，就沒再多說什麼。之前談話時他都會主動聊很多，但突然變成這樣真的完全搞不懂他心裡在想什麼。」

「前幾天在討論事情時問他『那你想怎麼做呢？』，他突然生氣地回嘴說『就照著你們說的去做總可以了吧！』，然後就走掉了」。

相信媽媽們都很煩惱如何跟青春期的孩子相處，孩子在建立自我的時期，一旦父母插手干涉，孩子就會覺得備受控制，表現出極度不悅的情緒，父母越是想表達關心，孩子越是反抗，越想拉開彼此的距離。

一直以來親子間的感情都很好，就像磁鐵般黏得緊緊的，突然間孩子轉身背對我們，就算想靠近也會變得跟同極相斥一樣被排擠。**因此在孩子青春期的時候，不要急於想拉近彼此的關係，父母適度的放手是非常重要的。**

你是否平常就不停地叮嚀著孩子「電視不要看太晚」、「吃飯時不要滑手機」、「不可以做〇〇」等。小時候乖乖地聽父母話的孩子，隨著年齡增長，孩子會開始覺得自己的自由被剝奪了。有個好方法可以讓你減少說「不可以〇〇」的次數。那就是「事先訂好規則」。

「電視只能看到十點，如果有非看不可的節目，就先錄下來。」

「智慧型手機不可以帶到餐桌，要放在房間裡。」

訂出彼此都接受的規則，孩子就不會覺得被強迫

像這樣先把規則訂好，孩子就不會有被強迫的感覺，但制定規則重要的關鍵在於「要懂得孩子的需求」。當孩子說「我想要用智慧型手機」時，告訴孩子規則「可以，但只能用到晚上十點、吃飯時滑手機是沒有禮貌的行為，所以要放在房間裡」。像這樣接納孩子的意見，然後制定出讓彼此都能接受的規則。**規則一旦制定好之後，就盡量不要再開口叮嚀。雖然孩子有時候會不遵守規矩，但孩子會在錯誤中學習成長**，這時候請不要著急也不要生氣，要不經意地提醒孩子「我們有約定好手機只能用到晚上十點喔」。

孩子長大後會漸漸地學會獨立自主，會變得不喜歡被綁住的感覺，對於

即使知道但卻做不到的事情一再被叮嚀時，相信不只是孩子，任誰都會覺得厭煩吧。

一旦訂下規則，就讓孩子自發性地遵守，這並不是放任或漠不關心。要一邊觀察孩子的行為，**發現孩子沒有遵守規則時，可以稍微提醒孩子，除此之外就盡量不要再多說什麼。**如果發現孩子做了不該做的事或做了違法的事，這時候就需要嚴格管教。

青春期的孩子幾乎什麼事情都可以自理，也會有很多事情想要試著做做看。**父母只要尊重孩子並在一旁默默守護，不要過度干涉、過度保護。**在陪伴的同時讓孩子知道「只要你有需要的時候，我們會隨時在身邊支持你」就好。孩子長大後慢慢地就會了解父母的關心，雖然有時候會害羞地拒絕，偶爾也會反駁，但是其實孩子都能感覺到父母的關愛。

和孩子一起商量規則，也能累積自信

「要用網路前，要先問過爸爸或媽媽。」

「看電視或打電動的時間，每天不能超過二小時。」

「晚上十點後不准用手機。」

如果事先把規則制定好，自然就會減少對孩子使用七種壞習慣。事先訂好規則，而不是等事情發生了才來想解決方法，用非強迫性的方式預防、避免孩子做出錯誤行為。

如果沒有事先制定規則，當問題發生時才處理，是無法真正解決問題的。**這樣就會變成要不停地注意孩子，然而在每次指正孩子的同時，親子關係也有可能會因此惡化。**前文曾提到，必須和孩子商量後訂下規則，而不是由父母單方面自行制訂。

爸爸：「媽媽說你最近都滑手機滑到半夜，隔天上課都爬不起來，以後睡前是不是把手機交給爸爸保管比較好？你覺得如何呢？」

兒子：「不要，我不要把手機交給爸爸保管。」

爸爸：「這樣啊，那麼就跟爸爸商量看看要怎麼做吧。為了能準時起床，你覺得手機可以用到幾點呢？」

兒子：「恩，晚上十一點。」

爸爸：「這樣啊，但是還要洗澡，也要準備明天上課用的東西，這樣十一點不會太晚嗎？這樣就會超過十二點才睡喔！」

兒子：「但我還是覺得十一點比較好。」

爸爸：「這樣啊，那就到十一點。但是，如果早上爬不起來，就要改成十點，就這樣決定囉！」

別和孩子討價還價，要求確實遵守才是關鍵

「商量」對孩子來說是一種學習，同時也是很好的訓練。想讓對方認同自己的意見時，不是硬逼對方去接受，而是一邊聽取對方的看法，然後一起找出彼此都能接受的作法。即使孩子不太能遵守約定，硬要照著自己的意思去做，讓父母非常傷腦筋，**如果是在可容許的範圍內就不用強求，但是不能讓步的地方就絕對不能妥協。**

約定好的事情，一定要孩子確實遵守。例如，跟孩子約定好「看完電視後再寫作業」。但是到了晚上八點，最後又等到了九點，孩子還是賴在電視前不肯離開。中間會提醒孩子「快要九點了，作業寫得完嗎？」。

即使時間已經很晚了，但是如果孩子決定要繼續看電視，大家就要遵守約定，所以就算孩子看到半夜也要讓孩子把作業寫完。不過，因為讓孩子熬夜寫作業效率非常差，所以父母其中一人可以適度地出手幫忙。

爸爸：「今天已經很晚了，明天早一點起來寫好嗎？」

兒子：「嗯，那就明天再寫。」

爸爸：「還需多少時間才寫得完呢？」

兒子：「大概二個小時。」

爸爸：「那明天早上五點叫你起床。」

這時候父母一定要在五點把孩子叫起來。

爸爸：「〇〇，已經五點囉！昨天說好了要早起寫作業，爸爸會在旁邊陪你，讓我們一起寫吧！」**為了讓孩子能養成遵守約定的習慣，不論是父母或孩子都需要認真地看待這件事。**

給予合理懲處，建立孩子良好人格

被強迫、被懲罰、內心有強烈的罪惡感，在這些負面情緒下受教育的孩子會失去自信。孩子們不斷地從失敗中學習成長，找出解決問題的方法，藉由這樣累積成功的經驗，然後慢慢培養出自信。

前幾天和朋友聊天的時候聽到他這樣說。他有一個國中三年級的女兒，那天剛好是女兒十五歲的生日。媽媽在家裡準備派對時，女兒回到家時卻是哭紅著雙眼，媽媽看到嚇了一跳，一問之下才知道「朋友送我的生日禮物被老師沒收了，我拜託老師還給我但老師卻不還」。

詳細情形是這樣的。女兒在休息時間收到了朋友們送的禮物，正當大家興高采烈時上課鐘響了，這時照理說應該要回到自己的座位坐好，但大家卻很興奮地繼續站著聊天，即使聽到上課鐘響也不回到座位，老師走進教室，一看到這種鬧哄哄的場面當然非常生氣。老師很生氣地說「你們在幹什麼？沒聽到上課鐘響了嗎？」然後就沒收了女兒收到的禮物跟卡片。

到目前為止，這樣的結果是可以理解的，為了讓學生養成守規矩的習慣，老師沒收禮物是理所當然的吧。但是我的朋友在聽了老師事後的處置後，沒有辦法認同老師的做法，因為老師在下課後並沒有將禮物跟卡片歸還給女兒。

在生日當天收到的禮物跟卡片，一定會很期待。**藉由沒收東西來「訓練」孩子守規矩，剝奪了孩子收到朋友祝福的喜悅心情，這對孩子來說反而**

變成一種「懲罰」。朋友了解詳細的事情經過後，就去學校找老師談判。

「抱歉打擾了，小女平常承蒙您的照顧，真的是非常感謝您。今天我女兒在上課的時候因起騷動吵到大家造成老師的困擾，非常地抱歉。我聽女兒說，朋友們送她的禮物跟卡片被老師沒收了。因為是我女兒不對，被老師沒收也是應該的。我對於沒收這件事沒有任何意見，但是，對於老師那天在下課後沒有把禮物歸還給我女兒這件事，有些疑問。

如果我是老師，我會在下課後把她留下來好好地談談，不論花多少時間也要讓她知道反省，確認她已經反省知錯後，就會立刻把東西歸還給她。老師您認為如何呢？你有想過處罰這件事，對孩子的人格養成會造成什麼樣的影響嗎？」

尊重孩子，別獨斷專行地處罰

所謂「老師會保管到認為可以為止」，純粹是老師單方面的判斷。「諄諄教誨，讓她反省，反省過後就歸還」這樣的方式，相對地也有給予孩子尊重。前者是懲罰，後者是訓練的方式。尊師重道是父母應有的態度，但如果老師把七種壞習慣用在孩子身上就另當別論了。這時候父母必須要立刻出面處理，這並不是所謂怪獸家長的行為，而是為了守護孩子的自信應該採取的行動。

以這個例子來看，父親直接去找老師談判的結果，老師也同意父親所說的，於是答應「如果您女兒已經確實知道錯了，那我會把沒收的禮物還給她」。在獲得了老師的回應之後，父親的任務就在此告一段落。

接著跟女兒說「爸爸有跟老師談過了，因為是妳做錯事，所以要先好好地跟老師道歉。如果你已經知錯會好好反省，那就照實跟老師說，這樣老師就會把禮物還給妳」，然後就讓女兒進去跟老師道歉，自己則是稍微走遠一點在一旁默默看著。

親師溝通前，先了解事情原委能避免衝突

當知道孩子在學校被罵、被處罰的時候，不要不分青紅皂白的就將孩子定罪，認為「你一定是做了什麼讓老師生氣的事，是你的錯」，一定要先了解事情的原委。了解事情的經過後，如果還是覺得不太對勁，那就直接到學校去把事情確認清楚，確認後如果不能認同學校的做法，就該清楚表達自己

的立場。

當然，**父母也要思考自己是不是有什麼地方需要改進，溝通的同時必須要尊重學校與老師**，如果認為學校的處置錯誤，就該確實地指出錯誤讓學校了解。給予孩子良好的人格教育這件事，不論是在家庭或學校，父母都扮演著非常重要的角色。

做不完美的父母，讓孩子自由發展

前幾天聽兒子學校的校長這樣說到：「看著我的背影學習成長，只要默默地跟隨著我的腳步就好。這樣的教育方式，當父母的成就越高就會帶給孩子越大的壓力。」因為孩子拿自己與父母比較後，會感到自卑也會變得沒自信，我認為**「身教」不能算是最好的教育方法。因為父母的成就太過於偉大，說不定反而會帶給孩子更大的壓力。**好比說名人或職業運動選手的第二代，雖然剛出道時非常引人注目，但是之後的表現卻不如預期，結果慢慢消失在螢光幕前，像這樣的情況時有所聞。

父母的成就，不能決定孩子該有什麼表現

造成這樣的結果並不完全是因為父母，但父母越成功，孩子就越容易被拿來做比較，也會變得綁手綁腳，因此無法好好發揮自己的才能。那麼，如果父母不可靠又會變成如何呢？依照校長的說法，孩子在這個時候會把父母當作是借鏡，警惕自己要奮發圖強。

孩子並不會想要擁有「成功的父母」或「完美的父母」。看著即使有缺點也不會刻意隱藏，甚至一笑置之的父母，**孩子也會覺得「自己不完美也沒有關係」，然後學習接納這樣的自己。**

製造體驗，讓孩子認識暴力行為的危害

發現孩子說朋友的壞話、打人、欺負弱小的時候，父母會馬上「糾正」孩子的行為。或是對孩子說「你為什麼這樣做」、不可以○○、你應該要○○」用禁止、命令的口氣要求孩子。如果認為有需要教導孩子的時候，必須「先了解孩子的心情」。

當孩子說朋友的壞話時，父母該如何應對呢？

孩子：「○○真的很不會踢足球！今天有好幾次球都被搶走，跑得又慢，傳球也一直傳錯地方，隊友都說下次比賽一定又會因為他輸掉！」

媽媽：「嗯，是這樣啊，但是○○很努力地在踢球吧？」

孩子：「是這樣沒錯……」

媽媽：「聽到大家說他的壞話，你自己怎麼想的呢？○○很認真地在踢球吧！看到他這個樣子你覺得如何呢？」

孩子：「嗯，他的確非常地認真，但還是踢不好。」

像這樣去引導孩子，**不要讓他只聽大家怎麼說，把問題推給別人，要讓他意識到自己這樣的想法是不對的。**

父母立場要中立，引導孩子的錯誤行為

有一個類似的例子，如果親眼看到自己的孩子跟同伴聯合起來欺負別人，這時候父母該怎麼做呢？爸爸去觀看小學四年級兒子的棒球賽，同隊中有一個打得不太好的孩子，當那個孩子揮棒落空、被三振或是傳球失誤的時候，兒子與其他同伴在一旁哈哈大笑，大聲地叫著那個孩子的名字，把他當作是笨蛋一樣取笑他。

像這樣傷害對方自尊心的舉動，無論如何父母絕對要出手制止，如果在比賽後才跟孩子說「你剛剛那樣做是不對的，要懂得為對方著想啊」，孩子依然不會了解事情的嚴重性，所以在事發當下就應該要嚴肅地教導。

「有一件事情爸爸一定要跟你說，接下來要說的話非常重要，你要好好聽我說完。知道嗎？剛才○○被三振或是跑太慢被觸殺出局的時候，你跟大家一起大聲嘲笑他了吧？○○被大家嘲笑時，不知道心裡面會不會很受傷？你有站在他的立場想過呢？爸爸很愛你，也很相信你。但是，我希望你不要欺負弱小，爸爸最討厭看到人欺負弱小。就算大家都在笑，也不能跟著大家一起笑。希望你能試著去了解對方的心情。變成一個懂得體諒別人，為別人著想的人。」

像這樣向孩子說明，**讓孩子清楚地了解到欺負的行為會嚴重傷害到對方。**最後對孩子說「那麼，答應我從今以後不可以再欺負別人了」，並要求孩子遵守約定。

孩子做出傷害他人時，一定要嚴肅教導

最後的例子是對朋友暴力相向的行為。有一位小學二年級的男孩很喜歡惡作劇，前幾天打了班上的女同學，導師知道之後教訓了男孩一頓，男孩不僅沒有誠心道歉，反而還生氣地回嘴：「因為她說話太囂張，所以我才打她的」。

調皮搗蛋的孩子常會這樣做，但是打人或揍人都是不對的。如果只用口頭勸導，孩子恐怕沒有辦法體會被打的感覺。**這時候就要讓孩子知道什麼是「己所不欲勿施於人」，不用處罰但是要讓孩子知道被打的感覺。**

媽媽：「〇〇把手伸出來，準備好了嗎，媽媽要打〇〇的手了喔，好了嗎？要打了喔，（輕輕打一下孩子的手）會痛嗎？」

孩子：「不會痛。」

媽媽：「那我再打一次喔，好了嗎？要打了喔，（比剛才更用力）怎麼樣？會痛嗎？」

孩子：「會痛。」

媽媽：「〇〇，你覺得被打的感覺如何？很不開心吧？你的朋友也一樣，被打的時候也會很不開心，所以自己不喜歡的事情就不要對別人這麼做，了解嗎？」

孩子：「嗯。」

媽媽：「如果不小心做錯事，就要馬上道歉，這就是應該要遵守的事。媽媽以前也曾經被老師罵過，不是每個人一開始都知道該怎麼做。人們都是從失敗中學習的，所以下次一定要注意喔！」

不要只是用命令的口氣跟孩子說「不可以」，要讓孩子體會到對方的痛苦。當孩子無法了解對方在身體上所承受的痛苦時，可以用這個方法讓孩子實際感受，但是使用這個方法時請務必謹慎。

在打孩子前，要確認孩子已經做好準備「要打了喔，準備好了嗎？」，**當孩子說「對不起」的時候，就表示他已經知道錯了**，這時候就要停止打的動作。如果都是用打孩子來收場「就是因為講了好幾次你都不懂，所以才要打你啊！」，就會變成處罰了。

在這邊舉了三個例子讓大家參考，不論是在任何一種情況下，父母親都不應該強迫孩子接受「這樣做是對的」，**而是要幫助孩子了解「這樣做是對的」與「做人處事的道理」**。

讓孩子學負責，從「經濟獨立」開始

或許你曾經被說過「和以前比，現在的父母都太溺愛孩子」，但真的是這樣嗎？父母全力支持孩子去實現夢想，我認為這絕對不是壞事。前文曾說明溺愛與疼愛的差別，如果能把孩子教養成稍微會撒嬌，比起其他人更受到大家喜愛，是個善良懂得為別人著想的人，那麼教養可以說是非常地成功。

但是，孩子出社會後就讓他學習獨立吧。雖然離開家一個人生活並不容易，但一定要讓孩子學會經濟獨立。畢竟父母不可能照顧孩子一輩子，所以要讓孩子去開創屬於他自己的人生。

端正孩子理財觀，教他面對多變現實的世界

如果孩子暫時找不到正職工作，很難要求孩子獨立生活，那麼至少讓孩子先去打工，讓他先有基本的經濟能力。如果孩子還沒有準備好一個人生活，**父母突然之間就完全斷絕援助，有可能會讓孩子一下子手足無措，所以先建議慢慢地減少支援，讓孩子慢慢地學習獨立。**

這樣到最後孩子就會靠自己打拼，不用再依賴家裡，而父母最後該做的，就是讓孩子完全獨立一個人生活。雖然孩子會說不想離開爸媽，但是出社會後請讓孩子學會經濟獨立吧！

把決定權留給孩子，讓他一生有自信

感謝您耐心看完最後，看完本書後有沒有任何的建議或感想呢？

「我也可以做得到。」

「我做的比預期的還要好。」

「和另一半共享資訊，幫助彼此教育孩子。」

如果您也這麼想，那麼對於執筆者來說就是最大的收穫了。我認為，世界上沒有一百分的父母，因為人類原本就是不完美的。雖然世界上有許多所謂的偉人，但他們也都不是完美的人。

知道自己是不完美的，然後盡力做到最好，我也是為人父母，每天也都不斷地在錯誤中學習。重要的是，不去強求育兒會有最佳的解決方案。維繫良好的親子關係，就是要持續不斷地跟孩子對話。

不過，如果缺乏有效資訊，就無辦法做出正確判斷。所以要蒐集資訊，一掌握到有效的資訊時，**可以先選擇一個試試看，越簡單的方法越好。切記，不要同時嘗試好幾個方法，分次進行就好**。

在選擇理論中，通常都是處理「現在」的問題。然而，原因不是出在父母或孩子身上，而是出在親子關係上。

「看吧！就像我說的那樣吧！」

「你怎麼會不懂呢？」

請不要在這樣的互動關係中，澆熄孩子的熱情。即使沒教過孩子，孩子也會自己從錯誤中學習。硬要孩子接受你的好意或是說服孩子接受，都是剝奪了他們從失敗中學習的機會。孩子會透過父母的教育或身教，然後自己從經驗學習成長。

鞏固親子關係，父母要練習「放手的勇氣」

建立親子信賴關係的第一步，就是不要代替孩子做任何事。但是，不論什麼時候，都要想著如何幫助孩子找到更好的解決方法。為了不讓孩子在事後感到後悔，父母有任何意見時也要直接告訴孩子。再次提醒各位父母，請好好珍惜親子之間最重要的信賴關係，因為只要有良好的信賴關係，孩子就會傾聽父母說話。

我每天送孩子們出門上學的時候，都會這樣跟孩子說：「好好地享受學校生活吧！」

會唸書、和班上同學關係良好、活躍於社團活動等，雖然父母對孩子的期許是永無止盡的，但這就是父母的願望。孩子深深地相信父母是愛著自己的，也正因為有這份愛，孩子才能健康快樂地成長。相對的，父母也確信孩子是百分百信賴自己的。**父母與孩子之間確立了相互信任的生活模式，彼此就會擁有自信，面對人生的無限挑戰。**

親子間的信賴關係能讓孩子學會愛自己，只要全世界的孩子們都懂得愛自己、愛父母、愛別人，就能笑著迎接充滿希望的未來，衷心期許這一天早日到來。

青木仁志

family field 親子田　親子田系列 018

培養孩子自信獨立的親子對話術

親が読む子どものための一生折れない自信のつくり方

作　　者　青木仁志
譯　　者　謝雪玲
總 編 輯　何玉美
副總編輯　陳永芬
主　　編　陳鳳如
封面設計　萬亞雰
內文排版　菩薩蠻數位文化有限公司

出版發行　采實出版集團
行銷企劃　黃文慧
業務發行　張世明・楊筱薔・鍾承達・李韶婕
會計行政　王雅蕙・李韶婉
法律顧問　第一國際法律事務所　余淑杏律師
電子信箱　acme@acmebook.com.tw
采實粉絲團　http://www.facebook.com/acmebook

I S B N　978-986-93030-6-4
定　　價　320元
初版一刷　2016年6月
劃撥帳號　50148859
劃撥戶名　采實文化事業有限公司
104台北市中山區建國北路二段92號9樓
電話：02-2518-5198
傳真：02-2518-2098

國家圖書館出版品預行編目 (CIP) 資料

培養孩子自信獨立的親子對話術 / 青木仁志著；謝雪玲譯 . -- 初版 . -- 臺北市：采實文化，2016.06
面；　公分 . -- (親子田系列 ; 18)
譯自：親が読む子どものための一生折れない自信のつくり方
ISBN 978-986-93030-6-4（平裝）

1. 親職教育 2. 子女教育 3. 自信

528.2　　105006684

廣	告	回	信
台北郵局登記證			
台北廣字第03720號			
免	貼	郵	票

采實文化 ACME PUBLISHING 采實文化事業有限公司

104台北市中山區建國北路二段92號9F

采實文化讀者服務部　收

讀者服務專線：(02) 2518-5198

培養孩子自信獨立的親子對話術

引導孩子自己做出好決定，
教出熱情、勇敢又有競爭力的孩子！

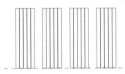

family field 親子田**系列**專用回函

系列：親子田系列018

書名：培養孩子自信獨立的親子對話術

讀者資料（本資料只供出版社內部建檔及寄送必要書訊使用）：

1. 姓名：
2. 性別：□男　□女
3. 出生年月日：民國　　年　　月　　日（年齡：　　歲）
4. 教育程度：□大學以上　□大學　□專科　□高中（職）　□國中　□國小以下（含國小）
5. 聯絡地址：
6. 聯絡電話：
7. 電子郵件信箱：
8. 是否願意收到出版物相關資料：□願意　□不願意

購書資訊：

1. 您在哪裡購買本書？□金石堂（含金石堂網路書店）　□誠品　□何嘉仁　□博客來　□墊腳石　□其他：____________________（請寫書店名稱）
2. 購買本書的日期是？______年______月______日
3. 您從哪裡得到這本書的相關訊息？□報紙廣告　□雜誌　□電視　□廣播　□親朋好友告知　□逛書店看到　□別人送的　□網路上看到
4. 什麼原因讓你購買本書？□對主題感興趣　□被書名吸引才買的　□封面吸引人　□內容好，想買回去試看看　□其他：________________________________（請寫原因）
5. 看過書以後，您覺得本書的內容：□很好　□普通　□差強人意　□應再加強　□不夠充實
6. 對這本書的整體包裝設計，您覺得：□都很好　□封面吸引人，但內頁編排有待加強　□封面不夠吸引人，內頁編排很棒　□封面和內頁編排都有待加強　□封面和內頁編排都很差

寫下您對本書及出版社的建議：

1. 您最喜歡本書的哪一個特點？□實用簡單　□包裝設計　□內容充實
2. 您最喜歡本書中的哪一個章節？原因是？

____

____

3. 您最想知道哪些關於教養、健康、生活方面的資訊？

____

____

4. 未來您希望我們出版哪一類型的書籍？

____

____